예배 탐구
Worship Quest

예배 찬양 사역 리더십

예배 탐구 예배 찬양 사역 리더십
*Worship Quest*_An Exploration of Worship Leadership

초판 1쇄 발행 | 2024년 10월 20일

지은이 | 스티븐 브룩스 Steven D. Brooks
번 역 | 가진수

펴낸곳 | ㈜글로벌워십미니스트리
편 집 | 편집팀
디자인 | 조성윤

전 화 | 070) 4632-0660
팩 스 | 070) 4325-6181
등록일 | 2012년 5월 21일
등 록 | 제387-2012-000036호
이메일 | wlm@worshipleader.kr

판권소유 ⓒ 도서출판 워십리더 2024
값 28,000원

ISBN 979-11-88876-62-4 03230

"도서출판 워십리더는 교회와 예배의 회복과 부흥을 위해 세워졌습니다. 예배전문 출판사로서 세계의 다양한 예배의 컨텐츠를 담아 문서선교의 사명을 감당할 것입니다. 한국교회의 목회자, 워십리더, 예배세션뿐만 아니라 모든 크리스천들이 하나님의 임재를 경험할 수 있도록 열정을 다하고 있습니다."

〈 이 책의 판권은 "Worship Quest Ministries"의 Steven D. Brooks와의 독점 저작권 계약을 한 ㈜글로벌워십미니스트리에 있습니다. 신 저작권법에 의해 한국 내에서 보호받는 저작물이므로 어떤 사유로도 무단전제와 복제를 할 수 없습니다.〉

(Printed in Korea)

예배의 변화와 갱신을 위한 본질과 실제

예배 탐구
Worship Quest

예배 찬양 사역 리더십

스티븐 브룩스 Steven D. Brooks

worshipleader 워십리더

Worship Quest Ministries

STEVEN D. BROOKS

Worship Quest
Copyright © 2015 Steven D. Brooks

All Scripture quotations, unless otherwise indicated, are taken from The Holy Bible, English Standard Version. Copyright © 2000; 2001 by Crossway Bibles, a division of Good News Publishers. Used by permission. All rights reserved.

All Scripture quotations marked NIV are taken from the Holy Bible, New International Version®, NIV®. Copyright © 1973, 1978, 1984 by Biblica, Inc. ® Used by permission. All rights reserved worldwide.

Any Internet addresses (websites, blogs, etc.) printed in this book are offered as a resource. They are not intended in any way to be or imply a full endorsement of the author, nor does the author vouch for the content of these sites for the life of this book.

All rights reserved. No part of this publication may be reproduced, stored in a retrieval system, or transmitted in any form or by any means—electronic, mechanical, photocopy, recording, or any other—except for brief quotations in printed reviews, without the prior permission of the author.

일러두기

1. 저자는 몇 가지 영어 성경본을 사용하고 있는데, '개역개정'으로 통일했습니다.

2. 'Worship Leadership'은 주로 '예배 리더십'으로 번역했습니다. '리더십'은 '지도력'이나 '인도자', '지도자'로도 의미가 바뀔 수도 있기 때문입니다. 저자는 '예배 리더십'의 의미를 예배를 인도하는 지도자에 의미를 주로 두고 있습니다.

3. 저자가 참고한 책이 한글로 번역되어 있다고 해도 원전 중심으로 게재했습니다.

4. 'Corporate Worship'은 '공예배'로 통일했습니다.

5. 'Song'은 저자에 의도와 성경구절에 따라 주로 '노래'로 표기했으며, 간혹 문맥에 따라 '찬양'으로도 번역되었습니다.

6. '세례'의 경우 '침례'를 병기해야 하지만, 여기서는 '세례'로 표기했습니다.

7. 'celebrate'는 '기념'으로 주로 번역했으며, 맥락에 따라 '축하'로도 번역했습니다.

8. 보충 설명을 위해 '역자 주)'를 사용했습니다.

예배 퀘스트 사역을 꼭 확인해 보십시오.
교회 내 예배 갱신을 장려하고 강화하기 위해 고안된 예배 자료입니다.

www.worshipquestministries.com

"오 하나님, 당신은 우리를 당신 자신을 위해 만드셨습니다.
그리고 우리의 마음은 당신 안에 안식할 때까지 불안합니다."

히포의 어거스틴 Augustine of Hippo

차례

추천사 | 짐 알타이저(Jim Altizer) 박사   10
서문   11

1부   예배의 기초

1. 예배란 무엇인가요?   20
2. 우리는 누구에게 예배를 드려야 하나요?   28
3. 우리는 어디서 예배를 드려야 하나요?   36
4. 우리는 왜 예배를 드려야 하나요?   49
5. 누가 예배에 참여할 수 있나요?   72
6. 우리는 어떻게 예배를 드려야 하나요?   82

2부   예배의 실천

7. 개인 예배   88
8. 공예배   94
9. 삶의 예배   103

3부   예배 모임

10. 개인 예배 모임   110
11. 가족 예배 모임   116
12. 회중 예배 모임   119
13. 축제 예배 모임   131
14. 예배 인도: 예배 인도자의 소명   134

4부	예배 인도자의 역할	15. 예배 인도자(Worship Leader)	146
		16. 찬양 인도자(Song Leader)	156
		17. 예배 아티스트(Worship Artist)	177
		18. 예배 목사(Worship Pastor)	187

결론	담임 목회자와 교회 지도자에게 드리는 글	200
	추천 자료	204

부록	1. 예배의 정의	208
	2. 아타나시우스 신조(The Athanasian Creed)	212
	3. 융합 예배: 오래된, 새로운, 빌린, 침울한	218
	4. 렉시오 디비나(Lectio Divina)를 연습하는 방법	223
	5. '예배 인도자(Worship Leader)' 대 '인도 예배자(Lead Worshiper)'	225
	6. 예배를 위한 로드맵 – 짐 알타이저 박사	227
	7. 예배 대본 – 월트 하라(Walt Harrah)	231
	8. 회중 찬양을 위한 지침– 존 웨슬리(John Wesley)	237
	9. 회중 찬양을 격려하기 위한 지침– 브라이언 렌(Brian Wren)	239

참고 문헌   243

추천사

"알립니다! 이 책은 여러분을 도전하고 변화시킬 것입니다. 저는 스티븐 브룩스 박사가 대학원을 거쳐 본격적인 예배 리더십 교수로 성장하는 과정을 지켜봐 왔고, 그가 이 책을 집필하는 것을 잘 알고 있습니다. 예배의 이론을 원한다면 여기에서 찾을 수 있습니다. 실제적인 도구를 원한다면 여기에서도 찾을 수 있습니다. 브룩스 박사가 일기장을 펼쳐서 예배에서 그리스도의 몸을 사랑하고 인도하는 여정을 엿보는 것은 매우 흥미롭습니다. 다양한 형태의 예배 모임에 대한 그의 통찰력은 지역 교회에서 왜 그런지에 대한 많은 질문에 대한 답을 줄 것입니다. 스티븐 박사는 경건한 사람이며 훌륭한 학자이자 자신이 말하고 쓰는 것에 몰두하는 실제적인 신학자입니다. 이 책을 즐기고 배우시기 바랍니다."

짐 알타이저(Jim Altizer) 박사
아주사 퍼시픽 대학교

서문

> "하나님께서 인간에게 자신의 임재를 전하는 것은
> 예배를 받는 과정이다."
>
> C. S. 루이스(Lewis)

저는 최고의 가르침 중 하나는, 학생들과의 대화 중에 일어난다는 것을 알게 되었습니다. 어느 날 저녁, 제 수업에서 예배 리더십에 대해 활발한 토론을 하고 있었습니다. 우리는 부름받은 예배자들이 다양한 섬김의 역할을 알고 이해하는 것이 얼마나 중요한지에 대해 이야기했습니다. 우리는 예배 인도자 역할의 책임과 올바른 역할을 수행하지 못할 때 수반되는 혼란과 좌절에 대해 논의했습니다. 또한 다양한 예배 모임에서 다양한 역할이 어떻게 기능하는지에 대해서도 논의했습니다. 역동적인 토론이었고, 학생 중 한 명이 "정말 대단합니다. 이 모든 것을 책으로 써야겠습니다."라고 말하며 토론을 마무리했습니다. 나머지 학생들도 만장일치로 동의했습니다. 여러분이 손에 들고 있는 책은 바로 그 수업 토론의 결과물입니다.

우리는 예배에 관해서 모두 탐구 중입니다. 예배라는 주제는 너무나 많은 질문이 있고 종종 너무 많은 의견이 있습니다. 이 책을 집어 들었을 때 여러분은 전통과 경험에 의해 형성된 자신만의 선입견과 의견을 가지고 있을 것입니다. 혹은 학술 기관, 컨퍼런스, 교회 등에서 예배라는 주제에 대해 어느 정도 교육을 받았을 수도 있습니다. 그럼에도 불구하고 애초에 이 책을 선택했다는 것 자체가 하나님께서 예배를 통해 그분께 어떻게 반응해야 하는지에 대해 우리에게 가르치고 싶어 하시는 것이 더 많다는 것을 인식하고 있다는 증거라고 믿습니다. 이 책을 읽고 나서 여러분이 예배 리더십에 대해 더 많이 이해하게 되기를 바라며, 항상 더 많은 것을 발견할 수 있다는 것을 받아들이기를 바랍니다. 예배를 잘 드리는 법을 배우는 여정은 평생의 과정입니다. 예배와 관련하여 우리가 가진 질문 중 일부는 천국에서도 답을 찾을 수 없을 것입니다.

그렇다면 시간이 지남에 따라 발전해 온 수많은 질문과 의견 속에서 '영과 진리 안에서'(요 4:24)와 그분의 이름을 존귀하게 여기고 영광을 돌리며 하나님을 예배한다는 것이 무엇을 의미하는지 어떻게 알아낼 수 있을까요? 어떤 사람들은 성경을 읽기만 하면 하나님을 예배하는 방법을 알 수 있다고 말하지만, 정말 그렇게 간단할까요? 성경은 예배에 대해 정확히 무엇을 가르치고 있을까요? 더 좋은 질문은 성경이 예배에 대해 우리에게 무엇을 보여주는 것이 아닐까요? 성경의 여러 페이지를 살펴보면 다양한 예배의 모습을 볼 수 있습니다.

구약성경에서 아브라함은 여호와께 제사를 드리기 위해 제단을 쌓았습니다. 모세는 노래, 축제, 하나님의 언약 낭독, '언약의 피' 뿌리기, 제물 받기, 성막 건축 등 예배의 새로운 요소를 도입했습니다. 다윗 왕은 언약궤가 돌아올 때 온 힘을 다해 춤을 추었습니다. 그의 전심전력을 다한 예배의 삶은 수 세기 동안 지속되어 오늘날에도 여전히 우리의 예배의 힘이 되는 시편의 기록으로 이어졌습니다. 솔로몬은 온 회중 앞에 무릎을 꿇고 주님께 부르짖었습니다. 여호사밧은 찬양대원(예배 인도자)을 전쟁터로 보내기 전에 기도로 이스라엘 민족을 이끌었습니다. 이는 구약성경에 나오는 몇 가지 예에 불과합니다.

이것으로 충분하지 않다면 신약성경의 예배는 훨씬 더 다양한 예배 방식을 제공합니다. 초대 교회[1]는 찬송하고, 기도하고, 성경을 읽고, 말씀을 전하고 가르치고, 헌금을 모으고, 세례(침례)를 베풀고, 주의 만찬을 지키라고 권면합니다. 사도행전의 교회는 공동체 생활을 실천했습니다. 사도 바울은 고린도 교인들에게 방언을 말하고, 방언을 통역하고, 성령으로 노래하고, 기적을 행하도록 힘쓰는 은사적인 방식에 대해 이야기합니다.

특정한 예배의 유형을 찾기 위해 성경을 찾는 사람이라면 누구나 크게 실망할 것입니다. 사실, 우리는 정반대의 모습을 발견하게 됩니다. 성경 전체에서 예배는 문화, 장소, 시대에 따라 다양합니다. 예배의 다양성에도 불구하고 한 가지 분명한 것은 하나님께서 이 땅에서 예배자를 찾고 계신다는 사실입니다.

> "아버지께 참되게 예배하는 자들은 영과 진리로 예배할 때가 오나니 곧 이 때라 아버지께서는 자기에게 이렇게 예배하는 자들을 찾으시느니라"(요 4:23)

그렇다면 '예배자란 무엇인가?'라는 질문을 던져야 합니다. 간단히 말해, 하나님을 예배하는 사람은 그분의 구원의 은혜를 경험하고 그에 따라 반응하는 사람입니다. 예배는 응답입니다. 생각해 보십시오. 하나님은 당신과 나를 위해 독생자를 단번에 희생 제물로 보내셨습니다. 그 진리를 실제로 생각할 때, 그리고 하나님께서 우리를 위해 행하신 모든 일을 깨닫고 그분이 누구이신지 볼 때, 우리는 예배를 드리지 않을 수 없습니다.

매일, 전 세계에서 수많은 예배가 준비되고 실행되고 있습니다. 전 세계 성도들은 전능하신 하나님께 찬양의 예배를 드리기 위해 모이고 있습니다. 구속받은 자들의 노래와 성도들의 기도가 만왕의 왕, 만주의 주님께 영광을 돌리기 위해 주님께 올려지고 있습니다. 함께 모여 예배를 드리는 것은 큰 영광이자 특권입니다. 하지만 이러한 공적 모임은 어떻게 준비되고 실행될까요? 또한 예배를 준비하고 인도하는 임무를 정확하게 수행하기 위해 적절한 사람들이 적절한 위치에 배치되어 있을까요?

저는 회중 예배를 준비하고 인도할 뿐만 아니라 대학과 신학교에서 예배 사역을 가르치는 특권을 누리고 있습니다. 저의 가장 큰 열정은 사역의 지도자를 훈련하고, 멘토링하고, 세우고 갖추게 하는 것입니다. 성경적 예배에 대한 이해를 높이고 예수 그리스도가 중심이 되는 예배 갱신을 통해 교회가 강화되는 것을 보는 것이 저의 소망입니다.

제가 사역을 시작했을 때 저는 예배에 대한 이해가 부족했습니다. 저는 작은 교회에 다니며 자랐고 그 시절 예배에 대한 저의 생각은 '음악'이었습니다. 우리는 예배를 드리고 설교를 들었습니다. 이 교회의 음악은 그 시대의 많은 작은 교회와 마찬가지로 훈련받지 않은 자원봉사 음악 감독이 찬송가에 수록된 찬송가로 회중을 인도하는 것이었습니다.

노래에는 반주로 오르간과 피아노가 사용되었습니다. 20명으로 구성된 합창단은 헌금을 모으는 동안 가끔 노래를 부르기도 했고, 1년에 두 번은 미리 녹음된 반주 트랙에 맞춰 크리스마스와 부활절 칸타타(지금은 듣지 못하는 단어가 있습니다)를 연주하기도 했습니다[2].

고등학교 때 저는 청소년 그룹의 예배를 인도해 달라는 요청을 받았습니다. 결국 저희 팀은 '큰 교회'에서 가끔씩 찬양을 인도해 달라는 요청을 받으면서 교회에 현대 예배 음악을 소개하게 되었습니다. 어느 주일 저녁, 몇몇 친구들과 함께 '나의 주 크고 놀라운(Awesome God, 경외의 하나님)'[3]이라는 비교적 새로운 찬양의 곡을 소개했던 기억이 생생합니다. 당시에는 몰랐지만, 이러한 경험들이 제가 예배를 준비하고 인도하는 여정을 시작하게 된 계기였습니다.

음악과 예배 사역에 자원해 참여했던 초기 시절부터 예배를 통해 하나님께 가장 잘 반응하는 방법을 배우고 싶은 열망은 꾸준히 커졌습니다. 그 덕분에 저는 예배 인도를 학문 분야이자 직업으로 삼게 되었습니다. 교회에서 예배를 인도하고 미래 세대의 예배 및 사역의 지도자들에게 예배 사역을 가르칠 수 있는 기회를 갖게 되어 영광입니다.

저는 예배에 대한 논의가 그리스도를 따르는 자로서 우리가 할 수 있는 가장 중요한 대화 중 하나라고 생각합니다. "하늘의 모든 시간과 능력을 차지하는 예배는 분명, 이 땅에도 적합한 방식이어야 합니다."[4] 우리가 남은 생애 동안, 영원히 예배를 드리려면 제대로 예배하는 방법을 이해하기 위해 최선을 다해야 하지 않겠습니까?

저는 이 책을 일차적인 목적을 염두에 두고 썼지만, 그 목적의 범위를 넘어서는 영향력을 끼치기를 바랍니다. 현재 예배를 인도하고 있거나 예배 인도에 대한 특권을 더 배우고 싶은 분들, 그리고 사역에서 예배 인도자의 역할을 이해하고자 하는 교회 지도자들에게 이 책이 긍정적인 영향을 미치기를 바랍니다. 저는 다양한 예배 모임과 예배 인도자의 다양한 역할을 이해함으로써 '예배 인도'라는 하나님의 부르심을 성공적으로 수행할 수 있는 더 나은 기회를 갖게 될 것이라고 믿습니다. 또한 이 책이 현재 교회에서 예배 사역을 하고 있는지의 여부와 상관없이 단순히 예배에 대해 더 알고 싶은 분들에게 기초가 되기를 바라는 마음도 있습니다.

  이 책의 차별성은 예배 리더십의 네 가지 역할과 다양한 예배 형식과 예배 모임에서 그 역할을 어떻게 수행해야 하는지에 대한 실제적인 관점을 제공한다는 것입니다. 이 책에서 다루는 주제와 관련하여 교회와 예배 리더십으로 부름받은 사람들 사이에 많은 혼란이 있습니다. 교회 예배 사역을 섬기는 많은 이들이 다양한 예배 인도자의 역할을 이해하지 못하고, 자신이 하나님의 부름을 받지 않은 역할을 무리해서 수행하려고 하기 때문에 어려움을 겪고 있습니다. 다시 말해, 그들은 자신의 은사 안에서 일하고 있지 않습니다. 게다가 교회는 예배 인도자 역할의 차이를 이해하지 못하기 때문에 예배 인도자들에게 부적절한 기대를 걸고 있습니다. 각 역할은 그리스도의 몸에서 다른 목적을 위해 봉사하며, 우리가 부름받은 역할을 성공적으로 수행하려면 예배의 다양한 역할과 모임을 이해해야 합니다. 이 책이 교회 리더십과 예배 인도자로 부름받은 사람들이 역할과 소명에 대한 오해로 인한 혼란, 실망, 갈등을 피하는 데 도움이 되기를 바랍니다.

  예배 리더십의 네 가지 역할에 대해 논의하기 전에 먼저 예배의 기초를 살펴볼 것입니다(1부). 이러한 기초적인 질문에 답하는 것은 예배 리더십의 다양한 역할이 왜 필요한지에 대한 토대를 마련하는 데 도움이 될 것입니다. 그런 다음 모든 그리스도인이 실천해야 하는 세 가지 '예배 형태'(2부)과 우리가 참여할 수 있는 네 가지 예배 모임(3부)에 대해 살펴볼 것입니다. 마지막으로 예배 리더십의 네 가지 역할을 살펴보며 마무리합니다(4부). 예배 리더십의 각 장에서는 다양한 예배 형태와 예배 모임에서 네 가지 역할을 어떻게 수행해야 하는지에 대한 실제적인 관점을 제시할 것입니다.

  수업 첫날 저는 학생들에게 농담 삼아 "한 학기 내내 예배에 대해 가르치다가 천국에 가면 제가 완전히 틀렸다는 것을 알게 될 것입니다. 하지만 지금은 내가 교수이므로 내가 옳다고 생각하시기 바랍니다."라고 말하곤 합니다. 이 책에서 제가 의도한 것은 "내가 옳고, 당신이 틀렸어"가 아니라 "하나님이 어떤 분이신지, 그분은 어떻게 예배받기를 원하시는지, 다른 사람들을 예배로 인도하는 우리의 역할을 어떻게 가장 잘 수행할 수 있는지 함께 탐구하는 여정을 떠나자."라는 것입니다. 저의 바람은 예배 인도자로 부름받은 사람들이 하나님께서 그들을 어떻게 부르시는지 이해하고, 교회나 단체에서 예배 인도자를 찾는 사람들이 예배 인도자로 누구를 세워야 하는지 더 잘 분별하는 방법을 배우게 되는 것입니다.

1부
예배의 기초

"주여 주께서 지으신 모든 민족이 와서 주의 앞에 경배하며 주의 이름에 영광을 돌리리이다. 무릇 주는 위대하사 기이한 일들을 행하시오니 주만이 하나님이시니이다"(시 86:9-10)

　예배 주제에 대한 토론을 시작하기 전에 예배 전반에 관한 몇 가지 중요한 질문을 하는 것이 중요합니다. '예배란 무엇인가요?' '누구에게 예배해야 하나요?' '어디서 예배해야 하나요?' '왜 예배를 드려야 하나요?' '누가 예배에 참여할 수 있나요?' '어떻게 예배해야 하나요?' 이러한 질문에 대한 답을 이해하면 더 적절한 예배 토론에 참여할 수 있는 토대를 마련할 수 있습니다.

1.
예배란 무엇인가요?

"하나님의 말씀에 계시된 모든 것의 권위로 이 땅의 어떤 남자나 여자라도 예배에 지루해하고 흥미를 잃은 사람은 천국에 갈 준비가 되어 있지 않다고 확실하게 말할 수 있습니다."

A. W. 토저(Tozer)

예배자들이 온전히 예배드리려면 먼저 그 말씀이 무엇을 의미하는지 알아야 하지 않을까요? 수 세기에 걸쳐 신학자, 성경학자를 포함한 예배자들은 예배에 대한 정의를 내리기 위해 노력해 왔습니다. 그 결과 시간이 지남에 따라 수많은 정의가 등장했습니다.[5]

이러한 정의의 대부분은 성경 연구, 신학적 이해, 자아 실현 또는 한 세대에서 다음 세대로 이어져 내려온 전통에 기초한 것입니다.

예배에 대한 정의가 다양한 이유는 성경이 우리에게 공식적인 정의를 제공하지 않기 때문입니다. 성경 전체에 걸쳐 예배에 대한 수많은 설명이 있지만 정의는 없습니다. 저는 하나님께서 우리에게 그분과 가장 잘 관계하는 방법을 탐구할 수 있는 자유를 허락하셨기 때문에 정의가 없는 것은 의도적인 것일 수 있다고 믿습니다. 그러나 우리가 하나님께 존귀와 영광을 돌리는 방식으로 올바르게 예배하기 위해서는 예배에 대한 일정한 기준이 있어야 합니다. 따라서 하나님은 성경을 통해 우리의 예배에 대한 지침을 제공하십니다.

'예배'라는 단어를 떠올리면 무엇이 떠오르나요? 음악이 떠오르나요? 아니면 주일 아침 교회 예배가 떠오르나요? 이것이 예배에 대한 여러분의 정의라면 맞지만, 부분적으로만 그렇습니다. 예, 음악이 예배가 될 수 있고 교회 예배가 예배로 가득 차 있긴 하지만 그것이 예배의 전부는 아닙니다. 예배는 그 이상이며, 또 그래야 합니다.

성경에 예배에 대한 언급이 6백 개 이상 포함되어 있다는 사실을 알고 계셨나요? 또한 성경에서 찬양의 예배를 묘사하는 데 적어도 87개의 히브리어와 헬라어 단어가 사용되었다는 사실을 알고 계셨나요? 예배는 성경 전체에서 찾을 수 있으며, 모든 말씀 속에 녹아 있습니다.

예배에 대한 다양한 단어의 의미를 살펴보는 것부터 시작할 수 있을 것입니다. '예배'라는 단어는 앵글로색슨어 'weorthscipe'에서 유래한 것으로, '가치를 부여하다'라는 뜻의 두 단어가 결합되어 어떤 가치 있는 상태를 보여주거나 소유하는 것을 가리킵니다. 하나님께 가치를 부여하기 위해서는 먼저 하나님을 어떤 분으로 인정해야 합니다. 따라서 예배는 하나님이 누구이신지에 대한 응답입니다. 그것은 하나님의 존재와 본질에 대한 응답입니다. 반면에 찬양의 응답은 하나님이 행하신 모든 일, 즉 하나님의 행위에 대한 응답입니다. 하나님께서 그의 사람들 안에서, 그들을 통해, 그리고 그 주변에서 행하신 일들은 찬양의 대상이 됩니다. 저는 짐 알타이저(Jim Altizer) 박사가 예배와 찬양의 차이를 구분하는 방식에 감사합니다. 그는 이렇게 말합니다,

"…… '찬양'은 배우자가 이룬 위대한 업적에 대해 자랑하는 것과 같고, '경배'는 배우자가 충성스럽고 동정심이 많으며, 정직하며 용기를 주는 것에

1부 예배의 기초

대해 감사하는 것과 비슷할 것입니다. 찬양의 초점은 행위에 있는 반면, 예배는 인격에 초점이 맞춰져 있습니다."[6]

알타이저는 계속 말합니다,

"'예배'는 하나님의 성품에 초점을 맞추고 '찬양'은 하나님의 행위를 기념합니다. 두 표현 모두 성경적인 표현이며 둘 다 필요합니다. '예배'와 '찬양'은 같은 관계의 다른 구성 요소이며, 그리스도인은 하나님이 누구이신지 경배하고, 하나님이 하신 일을 찬양의 대상으로 삼습니다. 예배와 찬양 두 가지는 모든 피조물에게, 언제나 그리고 모든 상황에 적합합니다. 어디서나 때에 맞는 방식으로 드려져야 합니다."[7]

찬양의 예배에 대한 성경적 선례를 찾는 것은 어렵지 않습니다. 성경 전체에서 우리는 하나님의 사람들이 그분이 행하신 일에 대해 찬양의 찬양을 드린 수많은 기록을 찾을 수 있습니다. 사무엘하 22장에서 다윗은 하나님께서 자신을 위해 행하신 모든 일을 이야기하며 구원의 노래를 불렀습니다. 그는 이렇게 마무리합니다,

"이러므로 여호와여 내가 모든 민족 중에서 주께 감사하며 주의 이름을 찬양하리이다"(삼하 22:50)

나중에 다윗은 사람들을 대신해 행하신 모든 일로 인해 다시 한 번 하나님께 찬양을 드리도록 사람들을 독려했습니다.

"너희는 여호와께 감사하며 그의 이름을 불러 아뢰며 그가 행하신 일을 만민 중에 알릴지어다 그에게 노래하며 그를 찬양하고 그의 모든 기사를 전할지어다 그의 성호를 자랑하라 여호와를 구하는 자마다 마음이 즐거울지로다"(대상 16:8-10)

시편은 하나님이 행하신 일들에 대한 찬양의 노래로 가득합니다.

"너희는 시온에 계신 여호와를 찬송하며 그의 행사를 백성 중에 선포할지어다"(시 9:11)

"여호와는 살아 계시니 나의 반석을 찬송하며 내 구원의 하나님을 높일지로다 이 하나님이 나를 위하여 보복해 주시고 민족들이 내게 복종하게 해 주시도다 주께서 나를 내 원수들에게서 구조하시니 주께서 나를 대적하는 자들의 위에 나를 높이 드시고 나를 포악한 자에게서 건지시나이다 여호와여 이러므로 내가 이방 나라들 중에서 주께 감사하며 주의 이름을 찬송하리이다"(시 18:46-49)

"나의 혀가 주의 의를 말하며 종일토록 주를 찬송하리이다"(시 35:28)

"그의 영광을 백성들 가운데에, 그의 기이한 행적을 만민 가운데에 선포할지어다 여호와는 위대하시니 지극히 찬양할 것이요 모든 신들보다 경외할 것임이여 만국의 모든 신들은 우상들이지만 여호와께서는 하늘을 지으셨음이로다"(시 96:3-5)

"그에게 노래하며 그를 찬양하며 그의 모든 기이한 일들을 말할지어다"(시 105:2)

성경은 하나님의 사람들이 그분이 행하신 일에 대해 찬양의 이야기를 할 뿐만 아니라, 그분이 누구이신지에 대해 예배하는 이야기로 가득 차 있습니다. 예수님이 탄생하실 때 동방박사들이 도착하여 만왕의 왕께 경배를 드린 것도 그 사례 중 하나입니다.

"집에 들어가 아기와 그의 어머니 마리아가 함께 있는 것을 보고 엎드려 아기께 경배하고 보배합을 열어 황금과 유향과 몰약을 예물로 드리니라"(마 2:11, 강조는 필자)

동방박사들은 아무것도 해 준 것이 없었지만, 갓 태어난 왕을 보고 그저 엎드려 경배했습니다. 하나님은 선하심, 거룩하심, 사랑 등과 같은 그의 속성에서 드러나며 그렇게 예배 받으십니다.

"이스라엘 모든 자손은 불이 내리는 것과 여호와의 영광이 성전 위에 있는 것을 보고 돌을 깐 땅에 엎드려 경배하며 여호와께 감사하여 이르되 선하시도다 그의 인자하심이 영원하도다 하니라"(대하 7:3, 강조는 필자)

"너희 권능 있는 자들아 영광과 능력을 여호와께 돌리고 돌릴지어다 여호와께 그의 이름에 합당한 영광을 돌리며 거룩한 옷을 입고 여호와께 예배할지어다"(시 29:1-2, 강조는 필자)

"너희는 여호와 우리 하나님을 높이고 그 성산에서 예배할지어다 여호와 우리 하나님은 거룩하심이로다"(시 99:9, 강조는 필자)

"그러므로 우리가 흔들리지 않는 나라를 받았은즉 은혜를 받자 이로 말미암아 경건함과 두려움으로 하나님을 기쁘시게 섬길지니 우리 하나님은 소멸하는 불이심이라"(히 12:28-29, 강조는 필자)

영어 성경에서 '예배'라는 단어는 히브리어와 헬라어 모두 두 가지 그룹으로 번역이 가능합니다. 첫 번째 그룹은 경건한 행위를 가리키고, 두 번째 그룹은 주로 봉사 행위를 가리키는 단어로 구성되어 있습니다. 첫 번째 그룹에서 히브리어 '샤하(shachah)'(171회 사용[8])는 몸을 엎드리거나 허리를 굽히거나 몸을 낮추어 경의를 표하는 것을 의미합니다. 마찬가지로 헬라어 '프로스쿠네오(proskuneo)'(60회 사용[9])는 무릎을 꿇거나 엎드려서 경의를 표하거나 왕족의 반지에 키스하는 것과 같이 경의를 표하는 것을 의미합니다. 두 번째 그룹에서 히브리어 '아바드(abad)'(290회 사용[10])는 '섬기다', '서다'를 의미하며 일반적으로 제사장과 레위인이 성전에서 예배를 인도하는 역할을 수행하면서 하는 일을 지칭하는 데 사용되었습니다. '예전(Liturgy)'이라는 단어의 어원이 된 그리스어 '레이투르기아(leitourgia)'(6회 사용[11])는 예배의 봉사, 일 또는 사역을 가리킵니다. 이것이 '예전'이라는 단어가 종종 '사람들의 일'로 번역되는 이유입니다. 예전은 예배 '봉사' 중에 사람들이 하는 예배의 일 또는 행동입니다.

더 자세히 설명하기 전에 제가 자주 사용하는 예배의 정의를 알려드리겠습니다:

**"예배는 하나님께서 스스로 드러내신 가치를
하나님께 되돌려 드리는 것입니다.[12]"**

예배는 하나님과 그분의 사람들 사이의 대화입니다. 하나님은 자신을 드러내시고 인간은 그에 따라 반응합니다. 하나님은 당신이 누구인지를 드러냄으로써 대화를 시작하고, 인간은 하나님의 속성을 인정하고 하나님께 되돌려 드리는 것, 즉 예배로 응답합니다. 휴즈 올리펀트 올드(Hughes Oliphant Old)는 "하나님이 역사 속에서 행동하신다는 것은 우리 신학의 근본이며, 우리가 이 위대한 행동으로 기뻐하는 것이 예배의 근본이다"라고 말합니다.[13]

지구의 달과 태양에 대한 비유는 계시와 응답에 대한 이러한 대화적 사상을 반복적으로 설명합니다.[14] 달은 밤하늘에서 밝게 빛나지만, 그 자체의 빛은 없습니다. 달은 그저 지구의 태양 빛을 반사할 뿐입니다. 예배자로서 우리는 성자 예수 그리스도의 빛을 반사합니다. 우리가 태양의 빛을 반사하는 달의 빛을 보듯이, 하나님께서는 예배자들이 반사하는 아들 예수 그리스도의 빛을 보십니다.

A. W. 토저(Tozer)는 "예배는 하나님으로부터 출발하여 우리에게로 돌아와 거울처럼 우리에게서 반사됩니다. 하나님은 다른 종류의 예배를 받아들이지 않으십니다."[15] 로버트 샤퍼(Robert Schaper)는 예배의 정의에서 계시와 반응이라는 개념을 다루고 있습니다.

> "예배는 아버지 하나님께서 그리스도 안에서 자신과 그분의 사랑을 계시하시고, 그분의 성령으로 우리가 믿음과 감사와 순종으로 응답하는 은혜를 베푸시는 관계의 표현이다."[16]

첫째, 우리의 예배에서 하나님은 우리와 관계를 맺기를 원하신다는 사실에 주목하십시오. 그분은 우리가 그분의 임재 안에 있는 것을 사랑하십니다. 다음으로, 샤퍼는 예배의 계시와 반응에 대해 올바르게 언급하고 있습니다. 하나님의 말씀은 성부, 성자, 성령 삼위일체 하나님과 그의 백성과의 관계에 대한 진리를 의도적으로 제시하는 것으로서, 기독교 공동체에게 선포되고(계시), 선포된 진리에 대한 하나님의 백성의 응답은 예배자들이 준비된 또는 자발적인 기회를 통해 응답, 대답 또는 반응하는 것(반응)입니다. 우리의 예배는 하나님께서 우리 삶에서 행하셨고, 행하고 계시고, 행하실 일에 대한 응답이어야 합니다.

2.
우리는 누구에게 예배를 드려야 하나요?

"하나님은 복되시고 유일하신 주권자이시며 만왕의 왕이시며 만주의 주시오 오직 그에게만 죽지 아니함이 있고 가까이 가지 못할 빛에 거하시고 어떤 사람도 보지 못하였고 또 볼 수 없는 이시니 그에게 존귀와 영원한 권능을 돌릴지어다 아멘"

(딤전 6:15b-16)

모든 사람들은 누구나 예배합니다. 예배하는 것은 우리의 본성입니다. 그러나 많은 사람들이 하나님을 예배하지 않고 다른 사람이나 다른 것을 하나님 대신 예배합니다. 어떤 사람들에게는 돈, 관계, 경력, 성공, 심지어는 가장 흔하게는 자기 자신일 수도 있습니다. 우리는 하나님을 왕좌에서 끌어내리고 그 자리에 다른 것을 올려놓았습니다. 그렇게 함으로써 우리는 하나님께서 주신 첫 번째 계명인 "너는 나 외에는 다른 신들을 네게 두지 말라"(출 20:3)는 계명을 위반하게 됩니다. 우리가 오직 하나님만을 예배해야 한다면, 우리는 그분이 누구신지 정확하게 이해해야 합니다. 우리가 예배하는 하나님은 누구입니까? 하나님에 대한 올바른 관점은 우리가 그분을 온전히 예배할 수 있게 해 줄 것입니다.

첫째, 우리는 삼위일체 하나님을 예배한다는 것을 이해해야 합니다. 하나님의 이러한 삼위일체적 측면은 우리 신앙의 위대한 신비 중 하나입니다. 우리 하나님은 성부, 성자, 성령 세 위격으로 계신 한 분이신 하나님입니다. 제임스 토런스(James Torrance)는 "예배는 … 성육신하신 아들이 아버지와 교제하는 데 성령을 통해 참여하는 선물입니다."[17]라고 말합니다. 하나님이 삼위일체이시라면, 우리도 그렇게 예배하는 것이 합당한 것입니다. 종종 우리는 삼위일체의 한 위격이나 두 위격을 인정하는 데 매우 능숙하지만 다른 위격은 무시하는 경우가 있습니다. 삼위일체의 한 위격을 무시하는 것은 하나님을 온전히 경배하는 것을 소홀히 하는 것입니다.[18]

켄터키주 루이빌(Louisville)에 있는 서던침례신학교(Southern Baptist Theological Seminary)의 브루스 웨어(Bruce Ware) 기독교 신학 교수는 삼위일체 예배에 관한 주제 강연에서 유일하신 참 하나님에 대한 예배는 삼위일체의 렌즈를 통해서만 올바르게 이해될 수 있다고 말했습니다.

"아버지와 예배 - 모든 찬양의 궁극적인 받으심과 영광"(엡 1:3-4, 2:18, 3:20-21, 5:20, 빌 2:9-11, 계 5:13-14 참조)

"아들과 예배 - 교회의 순종과 예배의 직접적인 대상"(요 9:38-39, 20:28-29, 빌 2:9-11, 3:3, 히 1:6 참조)

"성령과 예배 - 교회의 예배의 능력 주체이자 간접적인 대상"(빌 3:3)

"삼위일체 예배 - 세 신성한 위격이 모두 함께 기독교 예배의 대상"(마 28:19-20, 계 5:13-14, 5:6)[19]

기독교 예배는 그리스도인들이 성령의 능력으로 아들을 예배할 때 아버지께 영광을 돌리는 것을 추구합니다.

삼위일체 교리로 인해 초기 기독교인들은 다신교라는 비난을 받았습니다. 이 비난에 대한 대응으로 초대 교회 교부들은 기독교 신앙과 삼위일체 교리를 옹호했습니다.

> "이와 같이 하나도 하나가 아닌 것처럼, 모든 것이 본질적으로 일치, 즉 하나라는 점에서, 경륜의 신비는 여전히 지켜지고 있으며, 그 일치를 삼위일체로 분배하여 성부, 성자, 성령 세 위격을 순서대로 배치하고 있습니다. 그러나 셋은 조건이 아니라 정도에 있고, 실체가 아니라 형태에 있고, 능력이 아니라 양태에 있고, 그러나 한 본질과 한 조건과 한 능력의 하나님이시며, 이 정도와 형태와 양태가 성부와 성자와 성령의 이름 아래 계시는 한 하나님이시니, 그분으로부터 성부와 성자와 성령의 이름이 드러나는 것입니다."
>
> **터툴리안(Tertullian)**,
> 프락세아스에 반대하여(*Against Praxeas*), AD 200년

> "그러므로 사람이 원치 않더라도 전능하신 하나님 아버지와 하나님이시면서 사람이 되신 하나님의 아들 그리스도 예수를 인정할 수밖에 없으며, 아버지께서는 또한 만물을 복종시키고 자신을 제외하고는 성령을 만드셨으니 그러므로 이들은 셋이십니다. 그러나 그가 여전히 하나님이 한 분이라는 것을 보여주기 원한다면, 그분의 능력이 하나라는 것을 알게 하십시오. 그러므로 권능에 관한 한 하나님은 하나이십니다. 그러나 경륜에 관해서는 나중에 우리가 참된 교리를 설명할 때 증명될 것처럼 세 가지 현상이 있습니다. 그러나 우리가 이렇게 설명한 이 일들에서 우리는 하나입니다. 왜냐하면 우리가 믿어야 할 하나님은 한 분이시지만, 그분이 원하시는 대로, 그분이 원하시는 방식으로, 그분이 원하시는 때에 모든 것을 행하시는, 근원이시고, 지

나칠 수 없으시고, 불가항력적이며, 불멸하시는 분이시기 때문입니다."

히폴리투스(Hippolytus),
노에투스의 이단 반박(Against The Heresy Of One Noetus), AD 200년

이러한 삼위일체 예배에 대한 변론은 일반적으로 '삼위일체 신조(Trinitarian Creed)'라고 불리는 '아타나시우스 신조(Athanasian Creed)'[20] 작성에 기초가 되었습니다. 5세기부터 기독교 교회에서 사용된 이 신조는 삼위일체 세 위격의 동등성이 명시적으로 언급된 최초의 신조입니다. 아타나시우스 신조는 기독교 가르침의 두 가지 필수 요소, 즉 하나님의 아들과 성령이 아버지와 한 존재라는 것과 예수 그리스도는 참 하나님이시며 한 인격 안에 참 인간이시라는 것을 표현합니다. 한 분이신 성부, 성자, 성령 하나님을 찬양합니다.

기독교 예배는 삼위일체적일 뿐만 아니라 예수 그리스도를 중심에 모셔야 합니다. 우리의 예배는 예수 그리스도의 사역과 삶이 중심이 되어야 합니다. 기독교 예배는 그리스도에 의해 가능하며, 그리스도의 사건, 즉 그의 죽음, 장사, 부활, 승천에 중심을 두고 있습니다. 그리스도가 우리 예배의 중심이 되는 이유를 설명하는 바울의 말을 들어보시기 바랍니다.

"그는 보이지 아니하는 하나님의 형상이시요 모든 피조물보다 먼저 나신 이시니 만물이 그에게서 창조되되 하늘과 땅에서 보이는 것들과 보이지 않는 것들과 혹은 왕권들이나 주권들이나 통치자들이나 권세들이나 만물이 다 그로 말미암고 그를 위하여 창조되었고 또한 그가 만물보다 먼저 계시고 만물이 그 안에 함께 섰느니라 그는 몸인 교회의 머리시라 그가 근본이시요

죽은 자들 가운데서 먼저 나신 이시니 이는 친히 만물의 으뜸이 되려 하심이요 아버지께서는 모든 충만으로 예수 안에 거하게 하시고 그의 십자가의 피로 화평을 이루사 만물 곧 땅에 있는 것들이나 하늘에 있는 것들이 그로 말미암아 자기와 화목하게 되기를 기뻐하심이라"(골 1:15-20)

예배 신학자 로버트 웨버(Robert E. Webber)는 "교회가 아들을 통해 아버지를 예배할 때, 아들의 모든 사역에 대해 아버지를 찬양의 대상으로 삼습니다."[21]고 했습니다. 그리스도는 우리 예배의 중심이 되십니다. 우리의 예배는 복음의 이야기를 전하기 위해 만들어졌습니다. 웨버는 계속합니다,

"복음은 선한 세상의 창조, 죄로 인한 사망으로 타락한 세상, 창조주의 성육신을 통한 타락한 피조물의 가정, 예수님의 죽음을 통한 죄와 사망의 권세와 승리, 그분의 부활로 입증된 창조의 재창조, 마지막으로 재창조의 사역이 완성될 완성에 대한 기대와 관련이 있습니다. 한마디로 이것은 용서의 복음, 대속의 메시지, 그리고 세상의 희망입니다.

예배는 구속의 사역에 대한 찬양의 감사와 감사로 성령에 의해 아들의 사역 안에서 그리고 아들의 사역을 통해 아버지를 예배한다는 점에서 그리스도 중심적입니다. 이러한 이유로 그리스도의 사역은 기독교 예배의 중심입니다."[22]

그리스도는 모든 것의 중심이시기에 우리의 예배가 예수 그리스도를 중심으로 드려져야 한다는 것은 틀림없는 사실입니다. 그럼에도 불구하고 교회가 다른 것에 관심을 돌리는 실수를 저지르는 것은 전혀 드

문 일이 아닙니다. 어느 해 '아버지의 날'에 한 교회에 갔던 기억이 납니다. 교회에는 성인이 탈 수 있을 만큼 큰 세발자전거 두 대가 예배당에 놓여 있었습니다. 의자를 배치해 예배실 둘레에 경주 트랙을 만들고 게임쇼 진행자 흉내를 낸 사람이 신자 중 두 명의 아빠를 뽑아 세발자전거를 타고 예배실 주변을 경주하도록 했습니다. 대형 스크린에 디지털 스톱 시계가 나타나고 스피커를 통해 시끄럽고 활력 넘치는 음악이 흘러나왔습니다. 사회자가 "준비, 준비, 출발!"이라고 외치자 아빠들은 미리 준비된 트랙을 돌며 경주를 시작했고, 회중은 아빠들을 응원했습니다. 첫 번째 경주가 끝나자 두 명의 아빠가 더 선정되어 다시 경주가 시작되었습니다. 경주 우승자에게는 상품이 수여되었습니다.

이 전체 시나리오는 거의 20분 동안 진행되었습니다. 경주 행사의 목적을 묻는 질문에 교회 지도자들은 아빠들에게 교회가 재미있을 수 있다는 것을 보여주고 싶었다고 답했습니다. 하지만 예수님은 어떨까요? 이 교회는 예배를 드린다고 하면서도 20분 동안 그리스도를 무시하는 데 시간을 보냈습니다. 오해하지 마십시오. '아버지의 날'에는 아빠를, '어머니의 날'에는 엄마를, '재향군인의 날'에는 참전용사 등을 인정해야 한다고 생각하지만, 예배는 그리스도의 몸인 우리의 관심을 그리스도께로 돌리기 위한 것입니다. '아버지의 날'에는 아버지를 우리 삶에 두신 하나님께 감사함으로써 아버지를 인정하는 것이 더 적절한 시간을 보내는 방법입니다. 우리는 하나님을 공경함으로써 아버지를 공경합니다. 우리는 예배의 중심에 그리스도를 두어 항상 하나님께 초점을 맞춰야 합니다.

교회의 한 가지 주요 문제는 우리가 너무 쉽게 산만해진다는 것입니다. 우리는 어두운 세상에 빛을 비추라는 부름을 받았지만, 우리는 종종 예수님에게서 눈을 떼고 어둠이 우리의 빛을 어둡게 하도록 허용합니다. 달라스 윌라드(Dallas Willard)는 이렇게 말합니다.

"빛의 자녀를 양성하는 교회는 하나님 아래에서 그리스도인으로서의 영적 형성을 주요 목표로 삼고 노력해 왔습니다. 대부분의 교회가 일상적으로 빛의 자녀를 배출하지 못하는 이유는 산만함 때문입니다. 그들은 사소한 것을 중시하다가 신약성경이 말하지 않는 것들로 인해 주의가 산만해집니다. 그들은 설교, 주일학교, 음악 형식, 교단, 수련회 또는 이사회 회의에 대부분의 생각과 노력을 쏟습니다. 이러한 문제들은 중요한 것이 아니며, 중요한 것을 적절히 돌보면 저절로 해결될 것입니다."[23]

우리는 영과 진리의 예배를 드려 하나님께 올바르게 영광을 돌리기 위해 예배에서 그리스도를 중심에 두기 위해 노력해야 합니다.

그리스도를 예배의 중심으로 유지한다고 해서 우리의 예배가 삼위일체적이라는 것을 빼앗는 것은 아닙니다. 이 둘은 함께 가야 합니다. 브라이언 채플(Bryan Chapell)은 그의 책, "그리스도 중심적 예배(Christ-Centered Worship)"에서 이렇게 말합니다,

"우리는 아버지나 성령을 언급하지 않고 그분의 뜻과 목적을 반영하는 복음적 형식으로 그분들을 공경함으로써 그리스도 중심의 예배를 만듭니다. 우리는 겸손한 마음으로 그분의 위대하심을 노래하고 그리스도께서 주시는 은혜를 받을 수 있도록 준비시킬 때 아버지께 영광을 돌립니다. 그리고 우리가 그리스도의 공급을 언급하지 않는다면, 우리가 아버지께 아무리 더 많은 찬양의 찬사를 쏟아내도 그분을 보내신 하나님을 폄하하게 될 것입니다. 마

찬가지로, 우리는 그리스도의 사역에 대한 성경의 증언을 이해하도록 도와달라고 성령님께 간구할 때 성령님께 영광을 돌리게 됩니다. 그리고 그리스도를 증거하는 사역을 하시는 그분을 우리 예배의 주된 대상으로 삼는다면 우리는 성령을 슬프게 할 것입니다. 우리는 단순히 예수의 이름을 언급함으로써, 그리고 아버지와 성령을 공경하지 않음으로써가 아니라, 하나님의 사람들이 구세주의 사역에서 절정에 이르는 모든 성경의 은혜를 이해하고 감사하도록 돕는 예배를 형성함으로써 우리의 예배를 그리스도 중심으로 만듭니다."[24]

우리의 예배는 승리하신 그리스도, 즉 승리하신 그리스도를 기념하는 중심 주제를 가지고 있으며, 동시에 아버지와 성령님께 영광을 돌리기 때문에, 예수님의 이름이 직접적으로 언급되지 않는 예배의 요소들도 그분의 구속 사역에 의해 형성되어야 합니다. 그리스도 중심의 예배에 참여할 때 우리는 그리스도가 죽으셨고, 그리스도가 부활하셨으며, 그리스도가 다시 오실 것이라는 찬양의 함성에 동참하게 됩니다.

3.
우리는 어디서 예배를 드려야 하나요?

> "우리는 언제 어디서나 하나님을 예배할 수 있지만, 특정한 장소, 특정한 시간에 그분을 예배하는 법을 먼저 배우지 않으면 그렇게 하지 못할 가능성이 큽니다."
>
> 시어도어 루즈벨트(Theodore Roosevelt)

성경은 하나님이 어디에나 계시다는 것을 분명히 밝힙니다. 지상에 있든 은하계 너머에 있든 하나님의 임재를 피할 수 있는 곳은 어디에도 없습니다. 시편 기자는 이렇게 외치며 분명히 말합니다.

> "내가 주의 영을 떠나 어디로 가며 주의 앞에서 어디로 피하리이까 내가 하늘에 올라갈지라도 거기 계시며 스올에 내 자리를 펼지라도 거기 계시니이다 내가 새벽 날개를 치며 바다 끝에 가서 거주할지라도 거기서도 주의 손이 나를 인도하시며 주의 오른손이 나를 붙드시리이다"(시 139:7-10)

신학자들은 이것을 편재성, 즉 모든 곳에 동시에 존재한다고 말합니다. 그리고 하나님은 편재하시지만, 성경은 또한 하나님이 특정한 장소에 특별한 방식으로 임재하신다고 가르칩니다.

제단(The Altar)

구약 초기 여호와를 따르는 사람들은 하나님을 예배하고 싶거나 특별한 방식으로 하나님을 만날 때, 예배 장소로 제단을 만들었습니다. 제단이 처음으로 기록된 곳은 가인과 아벨의 제단입니다. 본문에는 제단이라는 단어가 나오지 않지만, 그들이 제물을 주님 앞에 드렸다고 기록되어 있습니다:

> "세월이 지난 후에 가인은 땅의 소산으로 제물을 삼아 여호와께 드렸고 아벨은 자기도 양의 첫 새끼와 그 기름으로 드렸더니 여호와께서 아벨과 그의 제물은 받으셨으나"(창 4:3-4)

가인과 아벨은 하나님께 제사를 드리기 위해 제물을 어딘가로 가져와야 했고, 제사는 제단에서 이루어졌습니다.

홍수 이후, 우리는 노아가 제단을 쌓고 주님께 예배를 드린 이야기를 읽습니다.

> "노아가 여호와께 제단을 쌓고 모든 정결한 짐승과 모든 정결한 새 중에서 제물을 취하여 번제로 제단에 드렸더니"(창 8:20)

창세기 12장에서는 열국의 조상 아브라함이 많은 제단 중 첫 번째 제단을 쌓는 장면을 보게 됩니다.

> "여호와께서 아브람에게 나타나 이르시되 내가 이 땅을 네 자손에게 주리라 하신지라 자기에게 나타나신 여호와께 그가 그 곳에서 제단을 쌓고"(창 12:7)

창세기 35장에서 야곱은 하나님에 대한 순종으로 제단을 쌓습니다.

"하나님이 야곱에게 이르시되 일어나 벧엘로 올라가서 거기 거주하며 네가 네 형 에서의 낯을 피하여 도망하던 때에 네게 나타났던 하나님께 거기서 제단을 쌓으라 하신지라 야곱이 이에 자기 집안 사람과 자기와 함께 한 모든 자에게 이르되 너희 중에 있는 이방 신상들을 버리고 자신을 정결하게 하고 너희들의 의복을 바꾸어 입으라 우리가 일어나 벧엘로 올라가자 내 환난 날에 내게 응답하시며 내가 가는 길에서 나와 함께 하신 하나님께 내가 거기서 제단을 쌓으려 하노라 하매 … 하나님이 그와 말씀하시던 곳에서 그를 떠나 올라가시는지라 야곱이 하나님이 자기와 말씀하시던 곳에 기둥 곧 돌 기둥을 세우고 그 위에 전제물을 붓고 또 그 위에 기름을 붓고 하나님이 자기와 말씀하시던 곳의 이름을 벧엘이라 불렀더라"(창 35:1-3, 13-15)

하나님에 관한 이야기가 시작될 때부터 예배자들은 제단을 통해 예배를 드렸습니다.

성막(The Tabernacle)

이집트에서 출애굽한 후 시내산에서 하나님의 백성은 하나님의 나라가 되었습니다. 한 국가로서 이스라엘은 하나님 앞에 나아가 제사를 드리고 예배를 드릴 장소가 필요했습니다. 작은 제단으로는 더 이상 충분하지 않았고 더 큰 제단이 필요했습니다. 그래서 하나님은 시내산에서 모세에게 "내가 그들 중에 거할 성소를 그들이 나를 위하여 짓되"(출 25:8)라고 말씀하셨습니다.

성막 건축을 시작한 것은 모세가 아니라 하나님이셨다는 점에 주목하는 것이 중요합니다. 하나님께서는 모세에게 성막을 지으라고 말씀하셨을 뿐만 아니라 따라야 할 매우 구체적인 지침도 주셨습니다. "무릇 내가 네게 보이는 모양대로 장막을 짓고 기구들도 그 모양을 따라 지을지니라"(출 25:9)

하나님은 인간이 드리는 명확한 예배의 양식을 인간에게 맡기지 않으십니다. 선하고 기쁘고 수용 가능한 예배가 무엇인지 결정하는 것은 우리가 아니라 하나님이십니다. 하나님은 무엇이 최선인지 알고 계셨고 모세에게 자세히 알려주셨습니다. 출애굽기 후반부 전체가 성막의 세부 사항에 할애되어 있는 것을 보면 하나님께서 예배를 시작하신다는 것이 매우 중요하다는 것을 알 수 있습니다. 출애굽기 25장 10절부터 30장 38절에서 하나님은 모세에게 성소를 짓는 방법에 대해 지시하십니다. 출애굽기 31장 1-11절에서 하나님께서는 브살렐과 오홀리압 두 사람을 건축 공사의 지도자, 즉 총책임자로 임명하시고 이 일을 완수하는 데 필요한 지혜를 주셨습니다. 출애굽기의 마지막 장에서는 그 지시가 성취되는 과정을 자세히 설명합니다. 여기서 우리는 성막이 주님이 지시하신 대로 정확하게 완성되었음을 알 수 있습니다.

이제 하나님의 계획에 따라 성막은 제단을 대신하여 하나님께서 자기 백성에게 자신의 임재를 드러내시는 주요 장소가 되었습니다. 그러나 하나님은 늘 그러셨듯이 옛 예배 방식을 없애지 않으셨습니다. 그분은 제단을 성막에 통합하셨습니다.[25]

출애굽기를 읽다 보면 성막의 중요성을 알 수밖에 없습니다. 출애굽기의 세 가지 중요한 주제 중 두 주제는 출애굽과 율법이지만, 대부분은 성막을 다루고 있습니다.

히브리서의 저자는 이스라엘 백성이 성막을 지을 때 모세가 하나님의 지시를 문자 그대로 따랐을 때 하나님께서 왜 그렇게 염려하셨는지 그 이유와 그 내용을 알려줍니다.

"그들이 섬기는 것은 하늘에 있는 것의 모형과 그림자라 모세가 장막을 지으려 할 때에 지시하심을 얻음과 같으니 이르시되 삼가 모든 것을 산에서 네게 보이던 본을 따라 지으라 하셨느니라"(히 8:5)

성막을 지을 때 그렇게 주의를 기울여야 했던 이유는 성막의 구조와 건축 재료 자체가 하늘을 반영하는 역할을 했기 때문입니다.

앞서 살펴본 것처럼 구약 시대에 이스라엘 백성들은 예배를 드리기 위해 특정 장소로 가서 하나님을 만났습니다. 성막은 바로 그런 장소였으며, 전체 구조의 상징은 거룩하신 하나님이 진 한가운데 임재하신다는 하나의 중심 사상을 중심으로 전개되었습니다.

성막은 세 부분으로 나뉘어져 있었고, 방랑하는 이스라엘 백성들의 대규모 진영을 네 부분으로 나누었습니다. 여기에는 제사장과 레위인(예배 인도자)만 들어갈 수 있는 지성소와 두꺼운 장막으로 분리된 가장 거룩한 장소(지성소)가 포함되었습니다. 또한 제사를 드리는 안뜰과 의식이 정결한 모든 이스라엘 백성이 머물 수 있는 이스라엘 진영이 있었습니다. 그림을 완성하기 위해 이방인과 의식적으로 부정한 사람들이 있는 장막 바깥쪽, 말하자면 세상의 나머지 지역이 있었습니다.

성막은 이스라엘 지파들에 둘러싸인 장막의 중앙에 위치해야 했습니다. 이런 식으로 하나님의 장막인 성막은 고대 군주의 장막처럼 중앙에 백성들에 둘러싸여 있었습니다.

성막에는 예배를 위한 주요 예전의 중심, 즉 조각들이 들어 있었습니다. 이 조각들은 이 땅에 임재하시는 하나님의 임재를 상징적으로 표현한 것이었습니다. 또한 예배를 위한 기능적인 목적도 있었습니다. 제단이 성막으로 들어간 것처럼 성막의 다섯 가지 예전의 조각인 언약궤, 등잔대, 임재의 떡 상, 희생 제단, 분향단 각각은 구약성서 후반부에 솔로몬이 건축한 성전에 들어갑니다.[26]

구약의 성막을 보면 끝없는 제사와 지루한 의식에 초점을 맞춘 시설로 생각하기 쉽습니다. 하지만 이는 구약성경에서 성막이 갖는 의미와 그리스도의 오심의 목적까지 무시하는 것입니다. 성막은 더 높은 현실, 즉 이 땅의 천국을 상징하는 것이었습니다. 그것은 진정으로 하나님과 그의 백성이 '연결(connected)'되는 수단이었습니다. 우리가 그리스도 안에서 하나님을 발견하는 것처럼, 이스라엘 사람들은 성막에서 하나님을 발견했습니다.

성막은 지상에 있는 하나님의 집이었습니다. 성막은 지상의 천국을 상징적으로 표현했습니다. 하나님의 임재라는 관점에서 성막을 바라보면, 모세와 다윗 시대에 성막이 했던 역할을 임마누엘('우리와 함께 하시는 하나님') 예수님이 어떻게 성취하시는지 분명해집니다. 요한복음 1장 14절의 대부분의 영어 번역본은 이 구절을 다소 밋밋하게 표현하고 있습니다.

"말씀이 육신이 되어 우리 가운데 거하시매 우리가 그의 영광을 보니 아버지의 독생자의 영광이요 은혜와 진리가 충만하더라"(요 1:14)

그러나 '거하시다' 또는 '살다'로 번역된 동사 '에스케노센(eskenosen)'이 명사인 성막 '스키네(skene)'에서 형성되었다는 사실을 깨닫게 되면 이 구절이 생생하게 다가옵니다. 이 구절을 "말씀이 … 우리 가운데 장막을 치셨다"로 번역하면 이 구절의 영향력을 느낄 수 있습니다. 예수님은 우리의 장막입니다. 그분이 계신 곳에 하나님이 계십니다. 누군가가 예수님을 만났을 때, 그 사람은 하나님의 임재 안에 있는 것입니다.

성전(The Temple)

다윗 왕은 사람들이 모여 주님을 예배할 수 있는 공식적인 예배 처소 짓기를 간절히 원했습니다. 그는 간절히 주님을 찾았지만, 하나님께서는 성전을 지을 사람은 다윗의 아들 솔로몬이라고 말씀하셨습니다.

> "내게 이르시기를 네 아들 솔로몬 그가 내 성전을 건축하고 내 여러 뜰을 만들리니 이는 내가 그를 택하여 내 아들로 삼고 나는 그의 아버지가 될 것임이라"(대상 28:6)

이 시기 이스라엘은 이방 국가와 민족, 즉 신전과 신을 상징하는 의식을 가진 사람들의 한가운데에 놓여 있었습니다. 하나님께서 당신의 백성에게 영원한 집, 즉 예배당을 원하신 이유는 자신의 행위를 기억할 수 있는 장소를 원하셨기 때문입니다.

예배는 기억입니다. 우리는 하나님의 자비와 구원의 행위를 선포하고 실행하는 말씀과 거룩한 행동을 통해 하나님의 자비와 구원의 행위를 기억합니다. 그리고 우리는 일반적으로 특정한 장소, 즉 하나님의 사람들이 모이는 집인 교회 건물에서 이 일을 합니다.

저는 하나님은 형식에 문제가 없다고 확신합니다. 결국 형식을 창조하신 분은 하나님이시니까요. 더욱이 하나님은 성육신을 통해 형상이 되셨습니다. 세상이 하나님을 보고 아는 것은 예수 그리스도라는 사람의 모습입니다. 하나님은 성육신을 통해 가장 심오한 방식으로 인류를 만났습니다.

우리는 이 성육신의 원리가 성전에서 예언된 것을 발견합니다. 하나님은 성전에 거하시며 상징과 의식을 통해 당신의 백성을 만나셨습니다. 이스라엘의 백성들은 이러한 가시적이고 실체적이며 구체적인 표적들을 통해 하나님께 예배하기 위해 '보좌'로 나아갔습니다.

안타깝게도 이스라엘은 종종 하나님의 구원의 행위가 표현되는 형식에 지나치게 집착했습니다. 스데반은 선지자들의 말을 인용하여 이스라엘이 자신을 신성 모독죄로 고발했을 때 이를 질책했습니다(행 7:47-49 참조). 오늘날 우리도 같은 문제에 직면할 가능성이 있습니다. 우리는 예배당(건물)과 그 안에 있는 가구(예배의 형식)에 지나치게 집착해 그 형식이 가리키고 있는 분을 잊어버릴 수 있습니다. 물론 형식이 잘못된 것은 아니며, 우리가 피해야 할 것은 형식을 위한 형식입니다.

솔로몬은 왕이 된 지 4년 후에 성전 건축을 시작했습니다. 성전 건축은 7년 만에 완공되었습니다. 성전 건축에는 최고급 목재와 자재만 사용되었습니다. 그리고 최고의 장인들만이 이 공사에 참여하도록 선발되었습니다.

성전이 완공된 후 솔로몬은 제사장들에게 성전을 하나님께 봉헌해 달라고 부탁했습니다. 제사장들은 언약궤를 가져와 성전에 안치했습니다. 여기서 우리는 다시 한 번 하나님께서 옛 예배 방식을 새 예배 방식과 통합하시는 것을 볼 수 있습니다. 법궤가 성전에 안치되자 큰 구름이 성전을 가득 채웠고, 솔로몬은 하나님의 임재가 그들 가운데 있음을 기뻐했습니다. 백성들과 맺은 언약을 지켜주신 하나님께 감사하며 주님께 찬양의 찬양을 드렸고, 14일 동안 큰 축제가 시작되었습니다. 하나님께 감사하고 기쁨으로 찬양의 시간을 가졌습니다.

성전은 직사각형으로 예배를 위해 다양한 용도로 사용되는 여러 구역이 있었습니다. 첫 번째 공간은 주랑이라고도 불리는 모임 공간이었습니다. 주랑은 성전으로 들어가는 입구 역할을 했습니다.

성경에 따르면 두 개의 뜰이 성전을 둘러싸고 있었습니다. 그리고 안뜰 또는 제사장의 궁정에는 번제단과 여러 개의 세면대가 있었습니다. 이곳에서 정화와 희생이 이루어졌습니다. 큰 뜰이라고도 불리는 바깥뜰은 사람들이 예배를 드리기 위해 모이는 곳입니다.

지성소는 지상에 있는 하나님의 보좌인 언약궤가 보관되어 있어 매우 중요한 예배 공간이었습니다. 이 가장 거룩한 장소는 최고급 목재(레바논의 백향목, 왕상 6:16)로 장식되었고 금으로 덮여 있었습니다(왕상 6:20, 21, 30). 방에는 두 개의 큰 그룹과 커다란 나무 문, 두꺼운 휘장이 있었고 창문은 없었습니다. 성막과 마찬가지로 색채는 상징적이었습니다. 휘장은 하늘을 상징하는 파란색과 땅을 상징하는 빨간색 또는 진홍색이었습니다. 두 색의 조합인 보라색 요소는 하늘과 땅의 만남을 상징했습니다.

말할 필요도 없이 솔로몬이 지은 하나님의 성전은 놀라운 건축 공사였습니다. 6세기 솔로몬의 성전은 투르(Tours)의 주교 그레고리

(Gregory)가 선정한 7대 불가사의 목록에 포함되었습니다. 이 목록에는 알렉산드리아의 파로스(등대)와 노아의 방주가 포함되어 있었습니다. 영국의 저명한 과학자이자 수학자, 신학자인 아이작 뉴턴(Isaac Newton) 경도 솔로몬 성전에 매우 흥미를 느껴 성전에 대해 광범위하게 연구하고 저술했으며, '고대 왕국 연대기(The Chronology of Ancient Kingdoms)'의 한 장 전체를 성전의 설계와 기하학적 구조에 대한 관찰에 할애하기도 했습니다. 결국 성전의 모든 세부 사항을 설계하신 분은 하나님이시기 때문에 이 모든 것이 우리를 놀라게 할 일은 아닙니다.

앞서 살펴본 것처럼 예수님은 우리의 성막이 되셨을 뿐만 아니라 자신을 성전과 동일시하셨습니다. 존 파이퍼(John Piper)는 이렇게 말합니다,

> "예수님은 자신을 참된 성전으로 동일시하셨습니다. '성전보다 더 큰 것이 여기 있다.' 그는 성전이 상징하는 모든 것, 특히 신자들이 하나님을 만나는 '장소'를 자신 안에서 성취하실 것입니다. 그는 외형적 형식을 갖춘 국지적 장소의 활동으로서의 예배에서 관심을 돌리고, 자신을 중심에 둔 개인적이고 영적인 경험을 지향했습니다. 예배에는 건물, 사제직, 제사 제도가 필요하지 않습니다. 부활하신 예수님이 있어야 합니다.[27]

온 땅(The Whole Earth)

성경은 '온 땅이 주님께 찬양의 예배를 드린다'고 선언하는 구절들로 가득 차 있습니다.

"온 땅이 주께 경배하고 주를 노래하며 주의 이름을 노래하리이다 할지어다(셀라)"(시 66:4)

"여호와를 찬송할 것은 극히 아름다운 일을 하셨음이니 이를 온 땅에 알게 할지어다"(사 12:5)

"너희는 기쁨으로 나아가며 평안히 인도함을 받을 것이요 산들과 언덕들이 너희 앞에서 노래를 발하고 들의 모든 나무가 손뼉을 칠 것이며"(사 55:12)

하나님은 찬양의 대상이 되시기에 합당하실 뿐만 아니라 우리의 행동과 상관없이 찬양을 받으십니다. 하나님에 대한 찬양의 목소리는 침묵하거나 억압할 수 없습니다. 그리고 인간이 찬양의 소리를 거부하거나 찬양할 수 없다면 피조물이 그 빈자리를 채울 것입니다.

"무리 중 어떤 바리새인들이 말하되 선생이여 당신의 제자들을 책망하소서 하거늘 대답하여 이르시되 내가 너희에게 말하노니 만일 이 사람들이 침묵하면 돌들이 소리 지르리라 하시니라 가까이 오사 성을 보시고 우시며"(눅 19:39-41)

우리는 창조물 가운데서, 그리고 창조물 전체를 통해 창조주께 예배할 수 있는 기회와 특권을 누리고 있습니다. 예배할 때 우리는 박수를 치는 나무, 울부짖는 바위, 외치는 파도, 하나님을 찬양의 소리로 선포하는 들판과 함께합니다.

보좌(The Throne)

성경은 천국을 하나님의 임재가 독특하게 임재하는 장소로 말하고 있습니다.

"그리스도께서는 참 것의 그림자인 손으로 만든 성소에 들어가지 아니하시고 바로 그 하늘에 들어가사 이제 우리를 위하여 하나님 앞에 나타나시고"(히 9:24)

"아버지여 창세 전에 내가 아버지와 함께 가졌던 영화로써 지금도 아버지와 함께 나를 영화롭게 하옵소서"(요 17:5)

웨인 그루뎀(Wayne Grudem)은 이렇게 말합니다,

"우리는 하나님이 다른 어느 곳보다 하늘에 '더 많이 임재'하신다고 말하는 것이 오해의 소지가 있을 수 있지만, 하나님이 하늘에 특별한 방식으로 임재하시며 특별히 그곳을 축복하고 자신의 영광을 드러내기 위해 임재하신다고 말하는 것은 오해가 아닐 것입니다. 우리는 또한 하나님께서 다른 곳보다 하늘에서 그분의 임재를 더 온전히 나타내신다고 말할 수 있습니다."[28]

우리가 이 땅에서 예배할 때 우리는 보좌 앞에서 영원히 아버지를 예배하기 위해 준비되고 있는 것입니다. 또한 지금 여기에서 예배할 때 우리는 하늘과 땅의 피조물과 함께 하나님이 누구이시며 그분이 행하신 일에 응답하는 것입니다.

"내가 또 보고 들으매 보좌와 생물들과 장로들을 둘러 선 많은 천사의 음성이 있으니 그 수가 만만이요 천천이라 큰 음성으로 이르되 죽임을 당하신 어린 양은 능력과 부와 지혜와 힘과 존귀와 영광과 찬송을 받으시기에 합당하도다 하더라 내가 또 들으니 하늘 위에와 땅 위에와 땅 아래와 바다 위에와 또 그 가운

데 모든 피조물이 이르되 보좌에 앉으신 이와 어린 양에게 찬송과 존귀와 영광과 권능을 세세토록 돌릴지어다 하니 네 생물이 이르되 아멘 하고 장로들은 엎드려 경배하더라"(계 5:11-14)

오 주님, 뜻이 하늘에서 이룬 것 같이 땅에서도 이루어지이다.

우리가 어디를 가든지 모든 피조물과 함께 하나님을 찬양하며 예배를 드리는 것은 옳은 일입니다. 예배는 특정 장소에 국한되어서는 안 되므로 특정 장소에 도착할 때까지 기다릴 필요가 없습니다. 하나님을 예배하기에 적합한 장소는 바로 여러분이 있는 곳입니다.

특정 장소가 다른 장소보다 예배에 더 적합한 것은 아니지만, 장소가 우리의 예배 양식에 유익하다는 것을 알았으면 좋겠습니다. 저는 이 장의 서두에서 시어도어 루스벨트(Theodore Roosevelt)가 인용한 "언제 어디서나 하나님을 예배할 수 있지만, 특정한 장소, 특정한 시간에 그분을 예배하는 법을 먼저 배우지 않으면 그렇게 하지 못할 가능성이 큽니다."라는 말이 마음에 듭니다. 하나님께서는 특정 장소를 특별한 만남의 장소로 정하셨습니다. 오늘날 이러한 모임 장소에는 교회 시설과 다른 예배 장소가 포함됩니다. 그러나 하나님은 우리의 예배가 그러한 공간 안에서만 이루어지는 것을 원하지 않으십니다. 하나님은 우리가 언제 어디서나 그분을 예배하기를 원하십니다.

4.
우리는 왜 예배를 드려야 하나요?

> "삶과 죽음의 두 가지 방법이 있지만, 두 방법 사이에는 큰 차이가 있습니다. 그러므로 생명의 길은 첫째, 너를 지으신 하나님을 사랑하고, 둘째, 네 이웃을 네 몸과 같이 사랑하며, 남이 원하지 않는 것을 남에게 하지 않는 것입니다."
>
> 디다케(Didache), 1장

예배를 이해하는 것과 우리가 예배를 드려야 한다고 믿는 것은 별개의 문제입니다. 우리가 하나님을 예배하려면 왜 예배를 드려야 하는지를 생각해야 합니다.

우리가 창조된 이유이기 때문입니다

전 세계 어디를 가도 종교와 예배에 대한 기본적인 욕구를 갖고 있지 않은 사람은 없습니다. 인간은 하나님을 예배하려는 본능이 있습니다. 문제는 우리가 누구를 예배해야 하는지에 대해 혼란을 겪는다는 것입니다.

하나님은 태초부터 피조물 안에 당신을 예배하라는 열망을 심어주셨습니다. 시편 기자는 하늘과 땅과 그 안에 사는 모든 피조물, 즉 생물과 무생물과 해, 달, 별 등 모든 피조물이 주님을 예배할 수 있음을 보여줍니다(시편 148편 참조). 그리스도를 따르는 자로서 우리의 예배는 그리스도 안에서 우리가 누구인지를 자연스럽게 표현하는 것입니다. 웨스트민스터 소요리문답(Westminster Shorter Catechism)은 "인간의 최고 목적은 하나님께 영광을 돌리고 그를 영원히 누리는 것"이라고 말합니다. 존 파이퍼(John Piper)는 이를 이렇게 표현합니다. "인간의 가장 깊은 갈망은 하나님의 영광을 알고 누리는 것입니다. 우리는 이를 위해 만들어졌습니다."[29] 하나님을 예배하는 것은 우리 존재 안에 있습니다.

이 개념이 이해하기 어렵다는 것을 이해합니다. 오늘날 우리 세상에서 벌어지고 있는 모든 일들을 둘러보면 우리의 자연스러운 성향이 하나님을 예배하는 것이라고 생각하기 어렵고, 결국 우리 문화의 도덕적 나침반은 거의 존재하지 않는다고 생각합니다. 하지만 인간은 창조주를 예배하도록 창조되었습니다. 타락하기 전에는 아담과 하와가 하나님을 예배하는 것이 자연스러운 일이었습니다. 우리가 하나님을 예배하도록 만들어졌다는 생각에 어려움을 겪는 것은 죄 때문입니다. 우리는 그것을 죄의 본성이라고 부르지만, 하나님의 계획과 설계에 따르면 죄는 자연스러운 것과는 거리가 멀고 우리가 하나님을 마음껏 예배하지 못하도록 방해합니다. A. W. 토저(Tozer)는 "성경에 나오는 모든 예는 기쁘고 헌신적이며 경건한 예배가 도덕적 존재의 정상적인 행위라는 것을 보여준다."[30]라고 말합니다.

찬양과 경배는 우리의 영적 구성의 일부입니다. 우리는 찬양과 경배를 통해 하나님을 인정할 수 있는 욕구뿐만 아니라 능력도 함께 창조되었습니다. 우리 삶의 시작부터 하나님은 우리가 예배로 그분께 응답하기를 기대하십니다. 시편 기자는 우리가 태어날 때부터 하나님의 찬양

의 선포자로 세움을 받았다고 확언합니다

"여호와 우리 주여 주의 이름이 온 땅에 어찌 그리 아름다운지요 주의 영광이 하늘을 덮었나이다 주의 대적으로 말미암아 어린 아이들과 젖먹이들의 입으로 권능을 세우심이여 이는 원수들과 보복자들을 잠잠하게 하려 하심이니이다"(시 8:1-2)

우리는 그분을 영원히 경배하고 즐거워하도록 창조되었습니다.

하나님의 이야기를 재현하기 위해서입니다

성경에서 하나님의 사람들은 하나님께서 자신과 조상들을 위해 행하신 모든 일을 적극적으로 기억했습니다. 하나님의 이야기를 리허설하는 것은 하나님이 누구이시고 우리를 위해 무엇을 하셨는지 상기시켜 줍니다. 역사 전반에 걸친 하나님의 활동에 대한 장대한 이야기에는 창조(하나님은 보이는 것과 보이지 않는 모든 것을 창조하셨다), 성육신(하나님은 타락한 창조물을 구속하기 위해 외아들을 보내셨다), 재창조(하나님은 만물을 다시 새롭게 만드실 것이다)가 포함됩니다. 이것이 창세기부터 요한계시록까지 이어지는 하나님의 이야기입니다. 예배를 드릴 때 우리는 이 장대한 하나님의 이야기를 재현하는 데 참여해야 합니다. 로버트 웨버(Robert E. Webber)는 이렇게 말합니다.

"예배는 진리를 행합니다. 예배는 하나님의 이야기, 즉 하나님이 피조물과 피조물을 어떻게 구원하시는지를 말하고 실행합니다. … 주일 예배는 매주일마다 하나님의 이야기를 축하하는 자리입니다. 그리고 찬양, 설교, 세례, 성찬식, 교회력의 축하 행사 등, 이 이야기 속에서 끊임없이 예배를 드리는 것은 하나님의 영광의 극장에서 의식과 무의식을 만들고 형성합니다!"[31]

히브리 사람들은 하나님의 구원 활동을 기억하는 것이 중요하다는 것을 알고 있었습니다. 구약성경 전체에서 우리는 하나님의 사람들이 하나님의 모든 행적을 기억함으로써 그를 예배하는 것을 볼 수 있습니다. 하나님의 사람들은 하나님께서 애굽 바로의 손에서 그들을 어떻게 건져내셨는지 기억하기 위해 매년 축제를 지켰습니다. 유월절이라는 이 절기는 오늘날에도 여전히 지켜지고 있습니다. 하나님께서는 모세에게 주님의 위대한 행적을 후손들의 마음에 새기라고 지시하기도 하셨습니다.

"후일에 네 아들이 네게 묻기를 우리 하나님 여호와께서 명령하신 증거와 규례와 법도가 무슨 뜻이냐 하거든 너는 네 아들에게 이르기를 우리가 옛적에 애굽에서 바로의 종이 되었더니 여호와께서 권능의 손으로 우리를 애굽에서 인도하여 내셨나니 곧 여호와께서 우리의 목전에서 크고 두려운 이적과 기사를 애굽과 바로와 그의 온 집에 베푸시고 우리 조상들에게 맹세하신 땅을 우리에게 주어 들어가게 하시려고 우리를 거기서 인도하여 내시고 여호와께서 우리에게 이 모든 규례를 지키라 명령하셨으니 이는 우리가 우리 하나님 여호와를 경외하여 항상 복을 누리게 하기 위하심이며 또 여호와께서 우리를 오늘과 같이 살게 하려 하심이라 우리가 그 명령하신 대로 이 모든 명령을 우리 하나님 여호와 앞에서 삼가 지키면 그것이 곧 우리의 의로움이니라 할지니라"(신 6:20-25)

주님은 모세에게 미래 세대에게 하나님의 이야기를 가르치라고 지시하셨습니다. 그리고 그는 그렇게 했습니다. 신약 성경 전체에 걸쳐 모세의 후손들은 예수 그리스도 안에서 하나님이 성취하신 모든 일을 계속 기억했으며, 그 정점은 예수 그리스도였습니다. 베드로와 요한은 미문에서 앉은뱅이를 고친 후 하나님의 이야기를 회상했습니다(행 3:17-26). 스데반은 고발자들이 손에 돌을 들고 있을 때 아브라함부터 예수 그리스도까지 하나님의 이야기를 '청중'에게 들려주었습니다(행 7:2-53). 정말 멋진 연설이었습니다.

사도 베드로는 하나님의 이야기를 기억하는 것이 왜 중요한지 우리에게 상기시켜 줍니다

> "그러나 너희는 택하신 족속이요 왕 같은 제사장들이요 거룩한 나라요 그의 소유가 된 백성이니 이는 너희를 어두운 데서 불러 내어 그의 기이한 빛에 들어가게 하신 이의 아름다운 덕을 선포하게 하려 하심이라 너희가 전에는 백성이 아니더니 이제는 하나님의 백성이요 전에는 긍휼을 얻지 못하였더니 이제는 긍휼을 얻은 자니라"(벧전 2:9-10)

칼빈 기독교 예배 연구소(The Calvin Institute for christian Worship) 소장인 존 위트블리엇(John Witvliet)은 "모든 교회의 예배에 적용해야 할 한 가지 기준은 그 예배가 수용하는 예전 양식에 관계없이 역사적 기억과 선포의 기준입니다. 예배는 과거, 현재, 미래의 신성한 활동 전체를 선포합니다."[32] 하나님의 창조, 성육신, 재창조의 이야기를 연습하면 우리는 중요한 것, 즉 살아 계신 하나님의 아들 예수

그리스도에게 집중할 수 있습니다.

하나님을 기념(celebrate)[33]하기 위해서입니다

예배의 본질은 하나님을 기념하는 것입니다. 우리의 신앙은 기념으로 표현될 때 발전합니다. 좋은 기념은 신앙을 키울 수 있습니다. 잘못된 기념은 우리의 믿음을 약화시킬 가능성이 있습니다. 시편 전체에서 믿음을 키우는 기념의 예배에 대한 영감을 찾을 수 있습니다. 시편 100편은 우리가 모일 때 어떻게 예배를 드려야 하는지에 대한 모범적인 모델을 제시합니다

> 온 땅이여 여호와께 즐거운 찬송을 부를지어다
> 기쁨으로 여호와를 섬기며 노래하면서 그의 앞에 나아갈지어다
> 여호와가 우리 하나님이신 줄 너희는 알지어다 그는 우리를 지으신 이요 우리는 그의 것이니 그의 백성이요 그의 기르시는 양이로다
> 감사함으로 그의 문에 들어가며 찬송함으로 그의 궁정에 들어가서 그에게 감사하며 그의 이름을 송축할지어다
> 여호와는 선하시니 그의 인자하심이 영원하고 그의 성실하심이 대대에 이르리로다

기념이 예배의 적절한 측면인 이유는 그리스도 안에서 발견되는 하나님이 주시는 기쁨 때문입니다. 우리의 예배는 하나님이 누구이시며 우리를 위해 행하신 일 때문에 기쁨으로 가득 차 있어야 합니다. 하나님께서 여러분을 대신하여 그리스도를 통해 무엇을 하셨는지 생각해 보시기 바랍니다. 이것이 기념해야 할 이유입니다.

성경 전체에서 우리는 기념의 예배가 잔치와 밀접하게 연관되어 있음을 알 수 있습니다. 오늘날에도 생일 파티, 기념일 저녁 식사, 소풍, 음식을 각자 가지고 와서 함께 먹는 포트럭(potluck) 등 음식을 중심으로 기념하는 것이 일반적입니다.

구약성경에서도 예배와 잔치가 연결된 많은 예를 찾을 수 있습니다. 하나님의 사람들은 하나님께서 자신들을 위해 행하신 일을 기억(예배)하고 싶을 때 잔치, 즉 축제를 통해 그렇게 했습니다.[34] 구약 이스라엘의 주요 축제는 달력 순서대로 유월절, 무교절, 첫 열매, 수장절(오순절), 나팔절, 속죄일, 초막절(또는 장막절)이었습니다. 절기는 기념하기에 적절한 방법입니다.

예수님은 음식의 중요성을 잘 알고 계셨습니다. 예수님의 사역 대부분은 음식과 함께 또는 음식이 있는 곳에서 이루어졌습니다. 또한, 주님은 성찬을 통해 우리의 정기적인 예배 시간에 절기를 포함시키셨습니다.[35] 이 감사의 시간은 성찬을 기념하는 의미로 적절하게 여겨집니다.

저는 예배의 축제적 성격에 대한 로널드 앨런(Ronald Allen)과 고든 보로(Gordon Borror)의 관점에 감사드립니다.

> "사려 깊은 선물이 생일을 기념하는 것처럼, 특별한 저녁 외출이 기념일을 축하(celebration)하는 것처럼, 따뜻한 추모가 삶을 기념하는 것처럼, 성적 포옹이 결혼을 축하(celebration)하는 것처럼, 예배는 하나님을 기념하는 것입니다."[36]

하나님을 기념하는 예배에는 노력이 필요합니다. 교회에 가는 것은 쉬운 일이며, 그것은 단순히 출석하는 것입니다. 기념에는 참여와 의지가 필요하기 때문에 기념하는 것은 훨씬 더 어렵습니다. 그럼에도 불구하고 하나님을 기념하는 것은 우리가 어떤 노력을 기울일 가치가 있는 일입니다. 하나님은 모든 찬양의 대상이 되시기에 합당하시며 그분의 거룩한 이름을 존귀하게 하고 영화롭게 하는 방식으로 기념 받을 자격이 있기 때문입니다. 참된 예배는 예수 그리스도의 삶과 죽음, 부활을 기쁨으로 기념하는 것입니다.

영원한 행위에 동참하기 위해서입니다

저는 예배 목사로서 세상에서 가장 좋은 직업을 가지고 있다고 자주 말하곤 합니다. 저는 하나님을 영원히 예배하는 일로 사람들을 인도할 수 있습니다. 성경 전체에서 우리는 하나님에 대한 예배가 궁극적으로 모든 피조물이 행할 영원한 행위임을 알 수 있습니다. 많은 사람들이 영원의 반대편인 현실에서 예배를 거부하지만, 모든 사람과 만물이 하나님께 마땅히 드려야 할 영광을 드릴 때가 올 것입니다.

"모든 사람이 두려워하여 하나님의 일을 선포하며 그의 행하심을 깊이 생각하리로다"(시 64:9)

"주여 주께서 지으신 모든 민족이 와서 주의 앞에 경배하며 주의 이름에 영광을 돌리리이다

무릇 주는 위대하사 기이한 일들을 행하시오니 주만이 하나님이시니이다"(시 86:9-10)

"하늘에 있는 자들과 땅에 있는 자들과 땅 아래에 있는 자들로 모든 무릎을 예

수의 이름에 꿇게 하시고 모든 입으로 예수 그리스도를 주라 시인하여 하나님 아버지께 영광을 돌리게 하셨느니라"(빌 2:10-11)

우리가 예배할 때 우리는 천사들과 하늘의 무리들과 함께 하나님을 찬양의 대상으로 삼고 "지극히 높은 곳에서는 하나님께 영광이요"(눅 2:14a), "거룩하다 거룩하다 거룩하다 주 하나님 곧 전능하신 이여 전에도 계셨고 이제도 계시고 장차 오실 이시라 하고"(계 4:8b), "큰 음성으로 이르되 죽임을 당하신 어린 양은 능력과 부와 지혜와 힘과 존귀와 영광과 찬송을 받으시기에 합당하도다 하더라"(계 5:12)고 말하며 함께 예배합니다.

하나님이 영적으로 형성하기를 원하시기 때문입니다

'우리가 먹는 것이 우리가 된다'라는 말이 있나요? 영양학자들은 이 말을 사용해 우리 몸에 들어가는 음식이 신체 발달에 도움이 되거나 성장 발달에 방해가 된다는 진리를 반복해서 강조합니다. 사탕과 단 음식으로 구성된 식단은 당장은 맛있지만, 영양가가 높지 않고 근육을 키우고 건강한 신체를 유지하는 데 도움이 되지 않습니다. 사실, 이런 식단은 정반대의 효과를 가져와 우리 몸을 손상시킬 수 있습니다. '우리는 우리가 먹는 것'이라는 격언은 우리의 영적인 삶에도 해당됩니다. 무엇을 먹느냐가 우리의 영혼을 형성합니다.

우리 어머니는 "쓰레기는 들어오고 쓰레기는 나간다"라고 말씀하시곤 했습니다. 우리가 보고 듣는 것, 마음과 삶에 담는 것은 결국 우리의 입에서 나와 우리의 삶의 방식으로 표현될 것입니다. 문제는 "무엇을 넣을 것인가?"입니다. 우리의 영적 영양은 영적 음식 섭취의 직접적인 결과입니다. 영적으로 건강한 음식을 섭취하면 영적 근육을 키우고 영적 질병을 예방할 수 있습니다. 그렇다면 예배의 지도자로서 우리는 그리스도의 몸, 즉 모인 예배자들의 교제 안에 무엇을 넣을 것인가 하는 질문이 중요합니다.

하나님 앞에서 신앙 공동체로 모일 때, 우리는 예배가 우리를 영적으로 형성해 줄 것이라는 기대를 가지고 모입니다. 예배의 다양한 요소를 통해 하나님을 예배하는 것은 우리 삶의 영적 형성으로 이어져야 합니다. 이사야 29장 13절은 "주께서 이르시되 이 백성이 입으로는 나를 가까이 하며 입술로는 나를 공경하나 그들의 마음은 내게서 멀리 떠났나니 그들이 나를 경외함은 사람의 계명으로 가르침을 받았을 뿐이라"고 말합니다. 예배의 요소들은 단순히 하나님을 달래기 위해 행하는 의식이 되어서는 안 됩니다. 각 요소는 하나님께 드리는 예배의 행위가 되어야 하며, 따라서 우리를 영적으로 형성하는 역할을 해야 합니다.

다음은 영적 형성이라는 관점에서 각 예배 요소를 간략하게 살펴보겠습니다.

● 음악

예배에서 부르는 노래는 영성 형성에 큰 영향을 미칩니다. 우리가 교회에서 부르는 노래는 진리로서 우리 마음속에 자리 잡습니다. 예배자가 노래 속에 담긴 진리를 노래할 때, 그들의 신앙은 강화되고 신학이 확립되며 영이 형성됩니다. 존 웨슬리(John Wesley)는 이렇게 말합니다,

"무엇보다도 영적으로 노래하십시오. 노래하는 모든 말에서 하나님을 바라보십시오. 자신이나 다른 어떤 피조물보다 그분을 더 기쁘시게 하는 것을 목표로 하십시오. 이를 위해 너희가 부르는 소리의 의미에 엄중히 주의를 기울이고, 너희 마음이 소리에 휩쓸리지 않고 계속 하나님께 드려지도록 하십시오, 그리하면 너희 노래가 주께서 여기서 인정하시고 하늘 구름을 타고 오실 때에 너희에게 상 주실 것입니다."[37]

● 기도

예배는 하나님의 이야기를 기도하는 것이라고 했습니다. 그리스도의 구속 사역의 결과로, 공적 기도는 성령의 인도하심에 따라 예수 그리스도를 통해 모든 피조물을 아버지께로 인도합니다. 기도할 때 우리는 우리 안에서 역사하시는 그리스도의 능력으로 우리를 안팎으로 변화시키시는 하나님의 여정에 동참하게 됩니다. 우리의 기도는 우리의 내면과 외면 모두에서 우리의 존재를 형성합니다.

● 성경 읽기

성경을 사용하는 것은 예배에서 하나님을 찬양하는 데 있어 기본입니다. 성경은 항상 기독교 교회 신앙생활의 중심이었습니다. 예수님 당시 유대 세계에 스며든 고대 히브리어 이야기와 노래는 예수님 자신도 이 땅에서 살면서 깊은 영향을 받았음을 말해줍니다. 초기 기독교인들은 전능하신 하나님께서 예수님을 통해 이루신 일을 이해하기 위해 성경을 연구했고, 그 결과 그들의 삶도 그에 따라 형성되었습니다. 오늘날에도 우리는 어떻게 살아야 하는지, 따라서 어떻게 예배해야 하는지를 발견하기 위해 성경을 계속 연구해야 합니다.

● 성찬식

성찬식 예배는 우리를 변화시키는 시간입니다. 우리가 하나님의 전에 들어갈 때, 십자가에 못 박혀 죽으시고 장사 지내셨다가 다시 살아나신 분이 지금 우리 안에 살아 계심을 기억하면서 우리의 마음이 우리 안에서 불타오르도록 해야 합니다. 이것은 우리 예배자들을 성찬식에서 발견되는 하나님의 신비스러운 위대함으로 인도합니다. 저는 정기적으로 성찬식에 참여하는 것이 성경적이며(행 20:7, 고전 11:25 참조), 우리의 영적 성장에 필수적이라고 믿습니다. 떡을 떼고 잔을 마시는 일에 참여할 때 우리는 그리스도께 더 가까이 다가갈 수 있습니다.

● 설교

설교를 통해 하나님의 말씀을 선포하는 사역은 예배의 행동으로 접근해야 합니다. 하나님의 말씀의 목적은 하나님의 말씀인 예수 그리스도를 드러내는 것입니다. 성경에서 하나님을 본 사람들은 다시는 예전과 같지 않았습니다. 그들의 삶은 변화되었습니다. 말씀이 선포되는 모든 예배도 그래야 합니다.

● 침묵

침묵은 오랫동안 개인 및 공예배에서 중요한 요소였습니다. 침묵은 하나님의 계시를 받아들이기 위해 영혼을 고요하게 하는 시간입니다. 예배에서 침묵의 시간을 수용하면 하나님께서 말씀하실 수 있는 기회를 얻게 됩니다. 예배에서 우리가 하는 다른 많은 것들은 하나님을 향한 것입니다. 예배의 모든 요소에는 계시와 응답의 측면이 있어야 하지만, 침묵은 주로 우리가 다른 일을 하지 않고 하나님의 음성에 귀를 기울일 때 하나님께서 소통자가 되시도록 허용하는 시간입니다. 하나님의 음성을 들을 때 우리는 마음을 새롭게 함으로써 변화될 수 있는 기회에 자신을 개방하게 됩니다. 침묵 속에서 하나님께서는 오직 그분만이 하실 수 있는 방식으로 우리를 내면으로부터 형성하실 수 있도록 허락하십니다.[38]

● 헌신

예수님의 제자가 새롭게 변화된 삶을 경험하고, 아버지께 예배의 행위로 자신의 생명을 바치신 예수 그리스도의 본성을 닮아가는 것은 바로 헌신의 모습 안에서 이루어집니다.

● 세례(침례)

세례를 통해 우리는 우리의 정체성을 발견하고 그리스도의 생명과 그분의 몸인 교회에 통합됩니다. 하나님은 세례를 통해 우리를 자신에게 가까이 이끄십니다. 이전에 세례를 받은 적이 있고 다른 사람의 세례에 참예하는 예배자는 자신의 세례를 기억하여 하나님께서 자신의 삶에 중생의 표징과 인을 새롭게 하도록 해야 합니다. 세례를 통한 영적 형성은 일회성으로 끝나는 것이 아니라 지속적으로 이루어져야 합니다.

하나님은 영적 형성이 언제, 어디서나, 어떤 방식으로든 일어나기를 원하십니다. 예배의 각 요소는 예배자가 그렇게 되도록 이끌어야 합니다.

"너희는 이 세대를 본받지 말고 오직 마음을 새롭게 함으로 변화를 받아 하나님의 선하시고 기뻐하시고 온전하신 뜻이 무엇인지 분별하도록 하라"(롬 12:2)

하나님을 예배할 때 우리는 영적으로 그리스도의 형상을 닮아갑니다.

예수님이 예배하라고 말씀하시기 때문입니다

우리가 예배를 드려야 하는 가장 중요한 이유는 예수님께서 예배하라고 말씀하셨기 때문입니다. 예수님은 따라야 할 가장 중요한 명령에 대해 질문을 받았을 때 예배라고 대답하셨습니다(막 12:28-30 참조). 무엇보다도 그리스도를 따르는 사람들은 하나님을 온전히 예배해야 합니다. 예배는 신자의 가장 중요한 기능이며, 우리는 우리가 가진 모든 것을 다해 예배해야 합니다.

물론 첫 번째 명령에 더해 두 번째 명령은 예배를 통해 다른 사람들을 전도하고, 교제하고, 돌보라는 것입니다(막 12:31 참조). 예배를 드릴 때 우리는 하나님께 가까이 다가가고 그분의 아들을 점점 더 닮아갑니다. 우리가 예수님을 더 닮아갈수록 결국에는 예수님처럼 행동하기 시작할 것입니다. 예수님은 어떻게 행동하셨나요? 그는 다른 사람들을 사랑하고 구원의 기쁜 소식을 선포했습니다. 또한 하나님을 사랑하고 다른 사람을 사랑한다는 것은 예수님께서 아버지의 뜻에 복종하신 것처럼 아버지의 뜻에 복종하는 것을 의미합니다(눅 22:42 참조).

예수님의 삶은 우리가 따라야 할 본보기가 됩니다. 예배는 우리를 하나님께 가까이 인도하기 때문에 우리의 최우선 순위가 되어야 합니다. 교회의 다른 모든 기능은 예배의 자연스러운 결과입니다.

모임의 목적

이 시점에서 교회 내에서 예배와 전도 사이의 갈등을 고려하지 않는다면 제가 실수하는 것이라고 생각합니다. 지난 수십 년 동안 미국에서는 주일 예배를 전도 모임으로 전환하려는 움직임이 있었습니다. 그러나 역사적으로 기독교인들은 예배를 위해 모였다가 전도를 위해 흩어졌습니다. 예배는 전도 목적으로 드려진 적이 없습니다. 하나님을 믿는 사람만이 하나님을 예배할 수 있기 때문입니다. 당연하게 들릴지 모르지만, 하나님을 모르는 사람은 자신이 모르는 하나님을 예배할 수 없습니다. 실제로 성경은 하나님을 모르는 자를 하나님의 원수라고 부릅니다(롬 5:10, 골 1:21, 약 4:4 참조). 하나님을 예배하는 것은 그분의 구속 사역의 우선순위이자 궁극적인 정점입니다. 전도가 중요하긴 하지만 전도가 모임의 주된 목적은 아닙니다(고전 14장 참조).

오늘날 기독교인들은 전도를 예수 그리스도의 복음을 나누는 것이 아니라 사람들을 교회로 초대하는 것으로 바꾼 것 같습니다. 마르바 던(Marva Dawn)은 이렇게 말합니다.

> "예배는 신자와 하나님 사이의 사랑과 성장의 언어이고, 전도는 믿는 사람과 믿지 않는 사람 사이의 만남의 언어입니다. 이 둘을 혼동하고 예배에 전도의 짐을 지우는 것은 하나님의 사람들로부터 이웃을 돌봐야 할 책임을 빼앗고, 신자들에게서 변화의 깊이를 빼앗고, 하나님으로부터 합당하신 찬양의 깊이를 훔치는 것입니다."[39]

성경 어디에도 "불신자를 설득하기 위해 주님을 예배하라"는 구절은 없습니다. 대신, 우리는 하나님이 우리의 예배에 합당하기 때문에 하나님을 예배하도록 격려하는 수많은 구절을 찾을 수 있습니다. 저는 제임스 맥도날드(James McDonald)의 말에 동의합니다,

> "오늘날 교회의 문제는 성경이 요구하는 것과 정반대로 하나님의 영광을 부산물로 여기고 교회의 선교 활동을 주된 것으로 여기는 데 있다."

역사적으로 주일 예배는 세 가지 진리를 표현합니다. 역사 속에서 하나님의 이야기와 그분의 구원 활동을 기억하고, 새롭게 하시는 하나님의 임재를 경험하며, 새 하늘과 새 땅에서 하나님의 사역의 완성을 기대하는 것입니다. 하나님을 예배하는 것은 반드시 죽을 자가 영원히 죽지 않는 자와 교제하는 초자연적인 경험입니다. 매트 챈들러(Matt Chandler) 목사는 이렇게 말합니다.

> "예배 모임이 항상 화려하지는 않지만 항상 초자연적입니다. 교회가 화려한 것을 찾거나 그것을 위해 일한다면 초자연적인 것을 놓칠 수 있습니다. 만약 어떤 사람이 자신에게 딱 맞는 형식, 자신에게 딱 맞는 예배 순서와 선곡으로 감동받기 위해 모임에 들어온다면, 그 사람은 초자연적인 하나님의 임재를 놓칠 수 있습니다. 예배는 사람들이 하나님이 누구이신지, 그분이 하신 일에 대해 반응하고 반응하며 하나님으로부터 받기를 갈망할 때 초자연적입니다. 말씀의 피조물로서 예배하는 교회는 공연을 하거나 대접을 받기 위해 나오는 것이 아니라, 절박하고 궁핍하며 은혜에 목말라 주님과 그리스도의 몸으로부터 받고, 우리를 구원하시는 하나님에 대한 유일한 올바른 반응인 찬양을 드리면서 필요한 것을 감사하게 받는 곳입니다."[40]

예배는 전능하신 하나님을 만나고, 그분을 영화롭게 하고, 높임으로써 초자연적인 일이 일어날 것을 기대하는 자리여야 합니다. 그러나 우리는 종종 불신자들을 하나님 나라로 인도하려는 의도로 예배를 전도 집회로 바꾸어 왔습니다.

교회가 예배에 집중하면 전도의 본질이 사라질 것이라고 우려하는 사람들도 있습니다. 던(Dawn)은 그런 우려에 반박합니다,

> "우리만큼이나 이교도적이고 반기독교적인 문화(로마인, 그리스인과 유대인 모두 이 '예수 운동'에 반대했습니다) 속에서 초기 기독교인들은 이웃을 끌어들이는 방법을 찾으려고 노력하지 않았습니다. 그들은 그 과정을 통제하려고 하지 않았습니다. 대신 그들은 단순히 주님이 새 신자를 더하는 일을 할 수 있도록 교회됨(Churchbeing)을 실천했을 뿐입니다."[41]

오해하지 마시기 바랍니다. 저는 예수 그리스도의 복음을 전하는 교회의 책임을 최소화하는 것이 아닙니다. 저는 전도에 대한 확고한 신념을 가지고 있습니다. 우리 주변에는 가족, 친구, 동료 등 하나님의 은혜를 아직 듣지 못했거나 거부했기 때문에 그리스도 없이 영원을 향해 가는 사람들이 있습니다. 이것은 우리의 마음을 아프게 하고 전도를 향한 열망을 불러일으켜야 합니다. 그러나 예배 모임의 목적을 전도를 위한 시간으로 혼동해서는 안 됩니다. 존 파이퍼(John Piper)는 그의 책 '열방을 향해 가라(Let the Nations Be Glad)'의 서두에서 다음과 같이 말합니다.

> "선교는 교회의 궁극적인 목표가 아닙니다. 예배입니다. 예배가 없기 때

문에 선교가 존재하는 것입니다. 예배가 궁극적인 것이지 선교가 궁극적인 것은 사람이 아니라 하나님이 궁극적이기 때문입니다. 이 시대가 끝나고 무수히 많은 구속받은 자들이 하나님 보좌 앞에 엎드릴 때, 선교는 더 이상 존재하지 않을 것입니다. 선교는 일시적인 필요입니다. 그러나 예배는 영원합니다."⁴²

이것은 우리가 하나님을 제대로 사랑하는 방법을 알아낼 때까지 다른 사람을 사랑하는 것을 미뤄야 한다는 말이 아닙니다. 마가복음 12장에 나오는 예수님의 큰 계명으로 돌아가서, 두 계명을 따른다고 해서 한 계명을 다른 계명보다 소홀히 하는 것은 아닙니다. 인생에서 우리의 주된 소명은 하나님을 예배하는 것입니다. 예배를 드릴 때 우리는 다른 사람들을 사랑하고 그들과 하나님의 사랑을 나누어야 한다는 강박을 받습니다. 그러므로 우리가 첫 번째 계명에 순종할수록 두 번째 계명도 더 잘 지킬 수 있게 된다는 것은 분명합니다. 두 번째 계명에 순종함으로써 우리는 첫 번째 계명에 더욱 순종하도록 강요받습니다. 우리는 예배와 전도 사이에 중요한 연관성이 있다는 것을 깨달아야 합니다.

"물론 신자들이 기쁨과 열정으로 예배를 드리면 아직 공동체의 일원이 아닌 사람도 예배의 대상이신 분께 끌리는 것이 분명하기 때문에 둘이 완전히 구분되는 것은 아닙니다. 그러나 예배를 복음적 만남에 초점을 맞추는 것은 신자들이 교회됨(Churchbeing)을 향한 더 깊은 양육의 과정을 박탈하고⁴³, 하나님께서 교회로부터 받으셔야 할 친밀하고 참여적인 예배를 박탈하는 것입니다."⁴⁴

A. W. 토저(Tozer)는 "사도 바울에 이르기까지 그리스도의 교회에

서 행해진 거의 모든 위대한 행위는 그들의 하나님에 향한 빛나는 예배로 불타는 사람들에 의해 이루어졌다."⁴⁵ 여기에는 예수 그리스도의 기쁜 소식을 세상에 전하는 것도 포함될 것입니다. 예배를 통해 우리는 어두운 세상에 그리스도의 빛을 비추기 위해 불타오르게 됩니다. 던(Dawn)의 말처럼 말입니다.

"증인과 멘토링, 양육 돌봄의 책임을 기꺼이 감당할 수 있는 사람이 되려면, 우리의 이해를 초월하는 찬란한 하나님과의 만남에 깊이 참여하는 예배, 자기애와 소비주의에서 우리를 흔들어 깨우는 예배, 우리를 훈련시켜 고난과 소명 속에서 하나님 나라의 일을 위해 우리를 준비시키는 예배, 즉 생명력 있는 예배가 필요합니다."⁴⁶

종교개혁자 존 칼빈(John Calvin)은 "기독교 예배는 세상 앞에서 하나님의 선하심을 증거하는 동시에 세상과 예배하는 공동체 사이의 분명한 구분을 알리는 분리의 행위"라고 믿었습니다.⁴⁷

계속 진행하기 전에 고려해야 할 또 한 가지는 종종 전도를 위해 다른 활동 대신에 공예배 모임을 소홀히 하는 것입니다. 예배를 위해 함께 모이는 대신 교인들을 지역 사회로 보내 쓰레기를 줍거나 공원 벤치에 페인트칠을 하는 등 지역사회 봉사를 하는 '봉사하는 주일'을 보내는 교회에 대해 들어본 적이 있습니다. 이는 훌륭하지만 잠재적으로 주일 아침 모임 시간을 위험하게 오용할 수 있습니다. 영적 지도자로서 우리는 예배를 통해 회중이 영적으로 형성되어 그들의 삶이 지역 사회 봉사와 돌봄을 통해 그리스도를 반영하는 방식으로 나타나도록 하는 것이 우리의 소망이어야 합니다. 대신, 우리는 회중을 섬기도록 유도하고 그들이 다른 사람들을 섬기는 데 최대한 편리하게 만들려고 노력합니다.

희생은 어떻습니까? 그리스도께서는 자신을 따르고 그분의 이름으로 다른 사람을 섬기는 일이 쉬운 일이 아님을 분명히 말씀하셨습니다.

> "이에 예수께서 제자들에게 이르시되 누구든지 나를 따라오려거든 자기를 부인하고 자기 십자가를 지고 나를 따를 것이니라"(마 16:24)

십자가는 재미가 없습니다. 그것은 고문과 극심한 고통의 도구입니다.

> "보라 내가 너희를 보냄이 양을 이리 가운데로 보냄과 같도다 그러므로 너희는 뱀 같이 지혜롭고 비둘기 같이 순결하라"(마 10:16)

예수님을 따르고 그분의 이름으로 다른 사람을 섬기는 것은 우리에게 대가를 치러야 합니다. 항상 쉽고, 편리하고, 재미있는 것은 아닙니다.

그리스도인들은 종종 하나님을 위해 세상에 다가가는 데 관심을 쏟느라 정작 자신은 하나님을 깊이 알아가는 데 소홀히 하는 경향이 있습니다. 로버트 멀홀랜드(Robert Mulholland)는 "하나님을 위해 세상 속에 있느라 너무 바빠서 세상을 위해 하나님 안에 있는 데 실패했다"[48]며 "주일 아침에 운동을 하는 것이 전도의 한 형태라고 주장하는 가족을 본 적이 있다"고 말합니다. 그럴 수도 있겠지만, 그리스도의 몸 된 교회에서 함께 예배하는 시간은 어떨까요? 가족은 어떻게 영적인 영양과 인도함을 받고 있나요? 더욱이 이것은 부모에게는 전도가 될 수 있지만(많은 사람들에게는 그들이 '전도'라고 부르는 것이 실제로는 전도가 아니라고 주장하고 싶습니다), 경기장에서 게임을 하는 아이들은 어떻습니까? 그들은 언제 공예배 시간을 갖나요? 기독교를 홈스쿨링할 수는 없습니다. 제자도의 여정에서 가족 구성 요소는 매우 중요하지만, 그리스도인의 삶은 그리스도의 몸, 그 모든 아름다움과 때로는 추함을 통해 우리를 그분의 아들을 닮아가려는 하나님의 소망을 이루기 위해 필요한 공동체의 삶입니다. 교회에서 사람들과 관계를 맺고 그리스도의 제자로 성장하기 위해서는 영적 생활에 일관성이 있어야 합니다. 특히 하나님께서 의도하신 인간으로 성장하고 있는 자녀에게는 더욱 그렇습니다.

때때로 부모님들이 선택의 여지가 없다고 느끼실 때가 있다는 것을 이해합니다. 자녀가 좋아하는 스포츠 종목이 있고 주일 아침이 그 종목을 할 수 있는 유일한 기회일 수도 있습니다. 중요한 경기 상황이고 모두가 뛰거나 아무도 뛰지 않기 때문에 팀에 대한 의무감이 있을 수도 있습니다. 어쨌든 교회에 빠지는 것은 장기적으로 영향을 미칩니다. 우리 사회는 자녀의 제자도를 약화시키도록 설정되어 있으며, 정기적으로 그리스도의 몸과 함께 모이는 것을 놓치는 것은 사회가 우리를 밀어붙이는 것과 정확히 일치합니다. 저는 개인적으로 교회가 아닌 다른 것을 선택하는 것이 가족에게 미치는 영향, 심지어 선하고 영적인 이유로 다른 것을 선택했을 때에도 그 영향을 직접 보았습니다. 항상 깊은 후회가 남습니다. 좋은 것보다는 좋아하는 것을 선택했기 때문입니다. 교회 출석이 목표라는 말은 아니지만, 교회는 하나님께서 우리에게 영적으로 성장할 수 있는 기회를 주신 주요 통로입니다.

칙필레(Chick-fil-A) 레스토랑이 일요일에 문을 닫는 데에는 이유가 있습니다. 그 결정으로 인해 그들이 견뎌온 비난을 상상할 수 있을까요?[49] 주일 휴무를 선택함으로써 그 기업은 얼마나 많은 돈을 잃고 있을까요? 그럼에도 불구하고 독실한 신자였던 칙필레의 창립자 트루엣 캐시(Truett Cathy)는 그리스도의 몸인 교회의 중요성을 깨닫고 회사의 창업 초기에 직원들이 실제로 안식일을 지키고 교회에 가서 다른 사람들과 함께 예배할 수 있는 기회를 제공하기로 결정했습니다.

히브리서의 저자는 교회에 공예배 모임을 소홀히 하지 말 것을 간청합니다.

> "서로 돌아보아 사랑과 선행을 격려하며 모이기를 폐하는 어떤 사람들의 습관과 같이 하지 말고 오직 권하여 그 날이 가까움을 볼수록 더욱 그리하자"(히 10:24-25)

성경은 예배의 모임이 우리의 영적 발전에 매우 중요하다는 점을 분명히 밝히고 있습니다. 공예배에 관한 장(8장)으로 넘어가면 모임의 중요성에 대해 자세히 살펴볼 것입니다.

예배를 더 잘 드리는 법을 배우면 우리 삶의 다른 모든 측면이 더 좋아질 것입니다. 공예배는 전도를 촉진합니다. 전도를 포함한 봉사는 예배의 자연스러운 부산물입니다. 예배를 드릴 때 우리는 그분의 아들 예수님의 본질과 존재를 반영함으로써 하나님의 존재 자체에 이끌립니다. 예수님은 지극히 작은 자를 돌보시고 복음을 선포하셨습니다. 그러므로 우리의 예배는 지극히 작은 자를 돌보고 복음을 선포하는 것으로 이어집니다. 이에 대해서는 '삶의 예배' 장에서 더 자세히 설명하겠습니다.

5.
누가 예배에 참여할 수 있나요?

모두가 이곳에서 환영받기를 바랍니다.
친구든 낯선 사람이든, 가까이서든 멀리서든.
모두 축복과 영광을 받으시길,
축복과 영광이 있기를.
친구의 사랑이 있습니다.
구세주의 온화한 마음 안에 있습니다.
그분을 사랑하기에 우리는 우정을 베풀고,
모든 손님을 환영합니다.

노섬브리아 커뮤니티(Northumbria Community)의 기도와 독서
'켈트족의 매일 기도'

    성경은 하나님께서 모든 사람을 그분께 예배하도록 초대하신다는 사실을 말해줍니다. 사실, 에덴동산에서 하나님의 원래 계획은 모든 피조물이 그분을 존중하고 기쁘게 하는 방식으로 그분을 예배하는 것이었습니다. 물론 예배의 형식과 지침은 세월이 흐르면서 변했고, 구약의 하나님을 따르는 사람들은 동물 제사를 통해 예배했고, 신약 이후 그리스도를 따르는 사람들은 예수 그리스도를 통해 하나님께 직접 접근했지만, 자기 백성이 하나님을 예배하기를 바라는 하나님의 소망은 결코 변하거나 줄어들지 않았습니다.

예수님은 예배에서 누구를 환대하셨나요?

예수님의 생애와 사역을 보면, 예수님은 다양한 배경을 가진 다양한 사람들을 환대하셨습니다.

● **예수님은 모든 연령대의 사람들을 환대하셨습니다**

요한복음 1장은 사람들이 예수님께 예배를 드리도록 권유하는 많은 예 중 하나에 불과합니다. 여기서 베드로와 안드레는 예수님의 초대를 받아 예수님을 따르고 예수님과 제자 관계를 맺습니다. 복음서 기자들은 또한 예수님이 어린이들을 자신의 앞에서 환대하셨음을 보여주며(막 9장 참조), 마태복음은 예수님이 성에 들어오실 때 어른과 어린이를 포함한 수많은 사람들이 찬양의 소리를 지르는 예를 제시합니다(마 21장 참조). 모든 연령대의 사람들이 항상 하나님을 예배하도록 인도받았습니다.

● **예수님은 모든 민족의 사람들을 환대하셨습니다**

성경에서 가장 유명한 예배 구절인 요한복음 4장에서 예수님은 모든 사람들에게 예배의 기회를 제공하셨습니다. 사마리아 여인에 대한 예배 초대는 부활 후 제자들에게 맡겨질 사명을 미리 보여주었습니다.

예수님은 부활하신 후 제자들에게 모든 족속으로 가라고 명하셨고(마 28:19), 승천하시기 전에 제자들에게 성령이 임하시면 "땅 끝까지 이르러 내 증인이 되리라"(행 1:8)는 권능을 받게 될 것이라고 말씀하셨습니다. 그리고 바울은 유대인에게, 베드로는 그리스인과 다른 비유대인 그룹에 복음을 전하도록 파송되었습니다. 모든 민족의 사람들이 성부, 성자, 성령 하나님을 예배할 수 있습니다.

예수님은 모든 사회적 신분의 사람들을 환대하셨습니다

어부든 세리든, 종교 지도자든 가난한 과부든 예수님은 모든 사람을 두 팔 벌려 환대하셨습니다. 마가복음 1장에서는 갈릴리 바다에서 노동자 계급의 어부 베드로, 안드레, 야고보, 요한이 예수님의 부름을 받고, 누가복음 19장에서는 잘 알려진 부유한 세리 삭개오에게 복음을 전하는 예수님을 볼 수 있습니다. 예수님께서는 사회적 신분이 무엇이든 상관없으셨고, 그분의 앞에서 예배를 드릴 때 환대하셨습니다.

예수님은 의심스러운 사람들을 환대하셨습니다

예수님은 다른 사람들에게 어울리지 않는 사람들을 환대하셨습니다. 예수님은 '죄인의 친구'라고 불렸습니다(마 11:19, 눅 7:34). 한 예로, 예수님은 만찬에서 종교 지도자들이 보는 앞에서 한 창녀가 다가와 자신을 만지는 것을 허락하셨습니다.

> "한 바리새인이 예수께 자기와 함께 잡수시기를 청하니 이에 바리새인의 집에 들어가 앉으셨을 때에 그 동네에 죄를 지은 한 여자가 있어 예수께서 바리새인의 집에 앉아 계심을 알고 향유 담은 옥합을 가지고 와서 예수의 뒤로 그 발 곁에 서서 울며 눈물로 그 발을 적시고 자기 머리털로 닦고 그 발에 입맞추고 향유를 부으니"(눅 7:36-38)

이 여인은 바리새인의 집에서 무엇을 하고 있었을까요? 그리스 신학자 윌리엄 바클레이(William Barclay)는 "랍비가 그런 집에서 식사를 할 때면 온갖 종류의 사람들이 들어와서, 아주 자유롭게 그의 입술에서 떨어지는 지혜의 진주를 듣는 것이 관습이었습니다."[50] 초대받지 않은 손님이 어떤 행사에 참석하는 것은 드문 일이 아니었습니다. 따라서 우리는 그녀의 존재가 문제를 일으킨 것이 아니라 그녀의 사회적 지위가 문제였다는 것을 알 수 있습니다.

> "예수를 청한 바리새인이 그것을 보고 마음에 이르되 이 사람이 만일 선지자라면 자기를 만지는 이 여자가 누구며 어떠한 자 곧 죄인인 줄을 알았으리라 하거늘"(눅 7:39)

그러나 예수님은 모든 사람이 자신을 예배하는 것을 환대합니다. 예수님 앞에서 우리는 구속, 치유, 평화, 모든 올바른 것을 찾을 수 있기 때문입니다.

> "그 여자를 돌아보시며 시몬에게 이르시되 이 여자를 보느냐 내가 네 집에 들어올 때 너는 내게 발 씻을 물도 주지 아니하였으되 이 여자는 눈물로 내 발을 적시고 그 머리털로 닦았으며 너는 내게 입맞추지 아니하였으되 그는 내가 들어올 때로부터 내 발에 입맞추기를 그치지 아니하였으며 너는 내 머리에 감람유도 붓지 아니하였으되 그는 향유를 내 발에 부었느니라 이러므로 내가 네게 말하노니 그의 많은 죄가 사하여졌도다 이는 그의 사랑함이 많음이라 사함을 받은 일이 적은 자는 적게 사랑하느니라 이에 여자에게 이르시되 네 죄 사함을 받았느니라 하시니 함께 앉아 있는 자들이 속으로 말하되 이가 누구이기에 죄도 사하는가 하더라 예수께서 여자에게 이르시되 네 믿음이 너를 구원하였으니 평안히 가라 하시니라"(눅 7:44-50)

우리는 누구를 예배에 환대합니까?

예수님께서 예배에 누구를 환대하셨는지 살펴보았으니, 이제 우리는 상황을 바꿔서 더 어려운 질문을 던져야 합니다. 우리는 모든 연령, 모든 민족, 모든 사회적 지위, 그리고 의심스러운 성격을 가진 사람들을 환대하고 있습니까? 우리 자신에게 솔직해지려면 다른 사람들이 특정한 방식으로 옷을 입고, 특정한 방식으로 말하고, 특정한 형식의 음악을 좋아하고, 특정한 방식으로 예배하기를 기대함으로써 다른 사람들에게 기대를 걸고 있지는 않은지 물어봐야 합니다. 우리는 효과적으로 예배하기 위해 다른 사람이나 심지어 우리 자신조차도 뚫을 수 없는 장벽을 세우고 있지는 않습니까?

교회는 하나님이 누구이신지 예배하고 그분이 행하신 일로 찬양의 대상이 되는 곳이어야 합니다. 교회는 예수님 생전에 많은 사람들이 그랬던 것처럼 상처받은 영혼들이 와서 위대한 의사를 만나고, 그들의 부서진 삶과 상처받은 영혼과 손상된 영이 치유되고 보좌 앞에 들어 올려지는 장소가 되어야 합니다.

하나님은 주로 우리의 영적 상태에 관심을 갖고 계시지만, 우리의 육체적 건강에도 관심을 갖고 계십니다. 예수님께서 사역하시는 동안 예수님 곁에 있기를 원하는 많은 군중이 그분을 따랐습니다. 어떤 사람들은 예수님이 말씀하신 '하나님의 아들'이라고 믿었기 때문에 그 자리에 있었습니다. 다른 사람들은 호기심이 많았고 더 많은 확신이 필요했습니다. 그러나 많은 사람들은 단순히 예수님에게 치유 능력이 있다는 것을 알았기 때문에 그곳에 있었습니다. 하나님의 교회는 매 주일마다 만석이어야 합니다. 왜 그럴까요? 특정 형식의 예배 음악 때문일까요, 아니면 정말 훌륭한 설교자 때문일까요? 아닙니다. 상처받은 영혼들이 치유 능력을 가지신 유일한 분이신 하나님께 나아와 온전케 될 수 있는 하나님의 보좌에 우리가 나아가고 있기 때문입니다.

이해하기 어렵지만, 찬양과 고통, 고난, 역경 사이에는 독특한 연관성이 있습니다. 하나님은 우리를 온전하게 하고, 강하게 하고, 깨끗하게 하기 위해 고난의 시간을 사용하십니다. 고통에 대한 건강한 관점을 얻는 한 가지 방법은 히브리서의 이 구절을 참고하는 것입니다.

> "그가 아들이시면서도 받으신 고난으로 순종함을 배워서 온전하게 되셨은즉 자기에게 순종하는 모든 자에게 영원한 구원의 근원이 되시고"(히 5:8-9)

질병, 결혼 생활의 문제, 우울증, 마약, 결손 가정 등 어떤 어려움을 겪고 있든 하나님은 여러분을 구원하시고 치유하실 수 있습니다. 그분이 여러분에게 원하시는 것은 오직 찬양의 응답입니다. 구약의 선지자는 이 개념을 이해하고 이렇게 응답했습니다.

> "비록 무화과나무가 무성하지 못하며 포도나무에 열매가 없으며 감람나무에 소출이 없으며 밭에 먹을 것이 없으며 우리에 양이 없으며 외양간에 소가 없을지라도 나는 여호와로 말미암아 즐거워하며 나의 구원의 하나님으로 말미암아 기뻐하리로다"(합 3:17-18)

어둠의 순간에 찬양하는 것이 어렵다는 것을 알지만, 그것이 바로 이 어려운 시기를 헤쳐 나가는 데 도움이 될 것입니다. 귀금속이 제련공의

불을 거쳐야 값진 예술품이 되듯, 수만 개의 꽃잎을 짓이겨야 한 온스의 향수가 나오듯, 찬양의 제사는 하늘에 계신 아버지께 귀하고 달콤한 향기를 드리는 것입니다.

윌리엄 카우퍼(William Cowper)(쿠퍼(Cooper)로 발음)는 영국 시인이자 찬송가 작가였습니다. 평생 동안 카우퍼는 심각한 우울증에 시달렸고 여러 차례 자살을 시도하기도 했습니다. 정신병원에서 시간을 보낸 후 카우퍼는 올니(Olney)라는 시골 마을로 이사했고, 그곳에서 지역 목사인 존 뉴턴(John Newton)을 만났습니다. 카우퍼와 뉴턴은 절친한 친구가 되었습니다. 뉴턴은 친구가 우울증으로 어려움을 겪고 있다는 사실을 알고 카우퍼가 시를 쓰도록 도와야겠다고 생각했습니다. 뉴턴은 카우퍼에게 찬송가를 공동 집필하자고 제안했습니다. 그 결과 뉴턴의 "나 같은 죄인 살리신(Amazing Grace)"과 카우퍼의 "그곳엔 보혈이 가득한 샘이 있네(There Is A Fountain Filled With Blood)"가 포함된 올니 찬송가(Olney Hymns)가 탄생했습니다.

카우퍼는 평생 우울증에 시달렸지만, 어둠을 뚫고 빛이 비추는 순간이 있었고, 우리는 빛이 어둠 속에서 가장 밝게 빛난다는 것을 알고 있습니다. 카우퍼가 고난의 시간 속에서 하나님을 찬양의 시와 찬송을 쓴 것도 바로 이때였습니다. 이러한 경험에서 나온 찬송가 중 하나가 "때때로 빛이 놀랍네(Sometimes a Light Suprises)"입니다. 이 가사를 통해 축복 받으시기 바랍니다.

> 때때로 그리스도인이 노래하는 동안 빛이 그를 놀라게 하네.
> 그것은 주님의 날개에 치유를 싣고 부활하시는 주님입니다.

위로가 쇠퇴할 때 그분은 영혼을 다시 허락하십니다.
비가 내린 후 응원하기 위해 맑은 빛의 계절.

거룩한 묵상 속에서 우리는 달콤하게 추구합니다.
하나님의 구원의 주제를 추구하며 항상 새로운 것을 발견합니다.
지금의 슬픔에서 해방되어 우리는 즐겁게 말할 수 있습니다,
미지의 내일이 무엇을 가져올지 모릅니다.

그것은 아무것도 가져올 수 없지만, 그분은 우리를 견뎌내실 것입니다.
백합에게 옷을 입히시는 분이 그분의 사람들에게도 옷을 입히실 것입니다.
펼쳐진 하늘 아래에는 어떤 피조물도 먹지 않고는 살 수 없다네.
까마귀에게 먹이를 주시는 분은 그분의 자녀들에게도 양식을 주실 것입니다.

포도나무나 무화과나무가 원하던 열매를 맺지 못할지라도,
모든 밭이 시들고 양떼나 소떼가 없을지라도,
그러나 하나님은 동일하게 거하시니 그분의 찬양의 소리가 내 목소리를 조율하리,
그분 안에서 고백하는 동안 나는 기뻐할 수밖에 없다네.[51]

다윗 왕은 어려운 시기를 통해 찬양의 힘을 알았습니다. 다윗이 밧세바와 간음하고 자신의 죄를 덮기 위해 남편의 살인을 계획했을 때, 하나님은 나단 선지자를 통해 다윗을 대면하셨습니다. 나단은 하나님의 판결을 왕에게 전했습니다. "다윗이 땅에서 일어나 몸을 씻고 기름을 바르고 의복을 갈아입고 여호와의 전에 들어가서 경배하고 왕궁으로

돌아와 명령하여 음식을 그 앞에 차리게 하고 먹은지라"(삼하 12:20).

여러분이 깊은 어려움에 처해 있을 때, 여러분이 할 수 있는 유일한 일은 실체나 가치가 있는 예배입니다. 하나님의 소원은 우리가 좋을 때나 나쁠 때나 그분을 예배하는 것입니다. 또한 모든 사람이 상황에 관계없이 예배에 나오는 것 또한 그분의 소원입니다. 어떤 이유로든 우리가 예수님을 예배하는 데 있어 다른 사람이나 심지어 우리 자신에게 장벽을 세우고 있다면, 즉시 행동을 바꾸고 하나님께 용서를 구해야 합니다.

이 예배의 부르심은 누가 예배에 참여할 수 있는지에 대한 아름다운 본보기를 보여줍니다.

> 신사 숙녀 여러분,
> 소년 소녀 여러분 환영합니다.
> 신자 및 구도자 여러분
> 그리고 의지할 곳이 없는 분들을 환영합니다.
> 거지와 은행원,
> 매춘부와 교수님을 환영합니다.
> 빨강, 갈색, 노랑, 검정, 흰색,
> 주님 보시기에 모두 귀한 자들을 환영합니다.
> 정치인과 전기 기술자,
> 미용사와 의사들을 환영합니다.
> 공화당원과 민주당원,
> 마른 사람, 뚱뚱한 사람 모두를 환영합니다.
> 팩스를 소유하신 분들,
> 소득세를 속이신 분들을 환영합니다.

외모가 너무 좋아 보이는 분들,

반짝이는 차바퀴 휠, 광택 나는 차 보닛,

사고를 당한 적이 있는 분들,

부딪히고 맞고, 불구가 되고, 으깨진 분들을 환영합니다.

프로 라이프(Pro-Life), 프로 초이스(Pro-Choice),[52]

모욕적이고(Pro-fane), 도발적인(Pro-Vocative)[53] 사람들을 환영합니다.

늙고(Decrepit), 이혼한,

절망적이고 무력한 분들을 환영합니다.

간통자, 운동선수 및 알코올 중독자,

승리자와 피해자를 환영합니다.

죄인과 성자,

노래하는 사람과 그림 그리는 사람들을 환영합니다.

히피와 동성애자 및 잡역부,

마약 중독자와 위선자들을 환영합니다.

은혜의 보좌에 오신 것을 환영합니다.

하나님은 모두가 그분의 얼굴을 찾기 원하십니다.

아무도 이곳에 합당하지 않습니다.

그분의 놀라운 은혜로 씻으십시오.[54]

6.
우리는 어떻게 예배를 드려야 하나요?

"만물을 채우시고 만물을 초월하시는 우주의 창조주, 주님을 위해 깨어 있는 기다림의 시간은 복된 시간입니다. 나는 비록 보잘것없는 종이지만, 그분의 겸손한 종인 나를 게으름의 잠에서 깨워 주시기를 원합니다. 그분의 신성한 사랑의 불로 저를 불태워 주시기 원합니다. 그분의 사랑의 불꽃은 별 너머로 타오르고, 그분의 압도적인 기쁨과 신성한 불에 대한 갈망은 언제나 내 안에서 타오릅니다."

6세기 아일랜드 수도사, 콜럼바누스(Columbanus)

예배 인도자이자 작가이며 교사인 탐 크라우터(Tom Kraeuter)는 "예배는 우리의 창조주, 구원자를 진심으로 열정적으로 예배하는 것입니다."[55] 저는 예배에 대한 연구를 통해, 예배는 주로 행동이라는 결론에 도달했습니다. 예배는 참여를 요구합니다. 앞서 살펴본 것처럼 예배를 뜻하는 가장 일반적인 히브리어는 '절하다'를 의미하고, 예배를 뜻하는 가장 일반적인 헬라어는 '손을 향해 입맞추다'를 의미합니다. 진정한 성경적 의미의 예배는 수동적이지 않습니다. 물론 모든 규칙에는 예외가 있습니다. 야곱은 지팡이에 기대어 주님을 예배했지만(창 47:31), 당시 야곱은 매우 늙었고 아마도 이것이 그가 하나님 앞에 절하기 위해 할 수 있는 최선이었다는 점을 고려해야 합니다. 성경 전체를 볼 때 예배에는 예배자의 행동이 필요하다는 것을 알 수 있습니다.

"여호사밧이 몸을 굽혀 얼굴을 땅에 대니 온 유다와 예루살렘 주민들도 여호와 앞에 엎드려 여호와께 경배하고"(대하 20:18)

"에스라가 위대하신 하나님 여호와를 송축하매 모든 백성이 손을 들고 아멘 아멘 하고 응답하고 몸을 굽혀 얼굴을 땅에 대고 여호와께 경배하니라"(느 8:6)

"오라 우리가 굽혀 경배하며 우리를 지으신 여호와 앞에 무릎을 꿇자"(시 95:6)

"예수께서 그들을 만나 이르시되 평안하냐 하시거늘 여자들이 나아가 그 발을 붙잡고 경배하니"(마 28:9)

"그러므로 형제들아 내가 하나님의 모든 자비하심으로 너희를 권하노니 너희 몸을 하나님이 기뻐하시는 거룩한 산 제물로 드리라 이는 너희가 드릴 영적 예배니라"(롬 12:1)

"그 마음의 숨은 일들이 드러나게 되므로 엎드리어 하나님께 경배하며 하나님이 참으로 너희 가운데 계신다 전파하리라"(고전 14:25)

"이십사 장로들이 보좌에 앉으신 이 앞에 엎드려 세세토록 살아 계시는 이에게 경배하고 자기의 관을 보좌 앞에 드리며 이르되"(계 4:10)

예배는 마음에서 우러나야 하지만 마음에만 머물러서는 안 됩니다. 마음만 있는 예배는 수동적이고, 행위만 있는 예배는 형식적이고 공허한 의례입니다.[56] 하나님은 마음과 행위가 있는 예배를 원하십니다.

예배가 참여적이어야 한다는 주장 외에 신약성경 전체에서 예배에 대한 성경적 가르침은 거의 찾아볼 수 없습니다. 어떤 사람들은 초기 기독교인들이 유대인이었고 이미 예배하는 방법을 알고 있었기 때문이라고 말합니다. 결국, 그들은 하나님께서 그의 백성을 위해 제공하신 예배에 대한 자세한 지침을 따르는 예배자의 사례를 여러 세대에 걸쳐 가지고 있었습니다. 그들은 성전과 회당의 전통과 예전 관습을 가져왔을 것입니다. 기독교를 종교가 아닌 관계로 비유하여 정확한 요건을 규정하기 어려운 사람들도 있습니다. 또 다른 사람들은 유동적인 책임을 강조하는 문화에 살고 있기 때문에 예배에 대한 지침을 마련하는 데 어려움을 겪기도 합니다.

하지만 모든 기독교인이 실천해야 한다고 생각하는 예배에는 개인예배, 공예배, 삶의 예배라는 세 가지 일반적인 유형이 있습니다. 다음 장에서 각각에 대해 설명하겠습니다.

1부 예배의 기초

2부
예배의 실천

"해와 달과 별과 땅과 물과 들의 모든 나무와 풀과 초목과 물고기와 곤충도 하나님께 영광을 돌립니다. 그러나 여기에는 인간 본성의 독특한 존엄성이 있는데, 인간은 창조주이신 하나님을 영화롭게 할 수 있으며, 우리가 이해력을 가지고 자발적으로 그렇게 하는 것이 하늘의 일이라는 것입니다."

조나단 에드워즈(Jobathan Edwards)

모든 그리스도인이 실천해야 하는 예배에는 세 가지 유형이 있습니다. 각 유형은 성경적 원리에 기초하고 있으며 예배자의 발전에 중요합니다. 예배자는 하나님의 계시에 응답하는 방법으로 개인 예배, 공예배, 삶의 예배를 실천해야 합니다.

7.
개인 예배

> 앉아서 하나님만 생각하는 것입니다.
> 오, 이 얼마나 기쁜 일인가요.
> 그분의 생각들을 하고, 그 이름을 호흡하는 것,
> 이 세상에는 이보다 더 큰 행복은 없습니다.
>
> 프레드릭 W. 파버(Fredrick W. Faber)

모든 그리스도인이 실천해야 할 첫 번째 예배 형태는 개인 예배입니다. 그리스도를 따르는 사람들은 개인 예배를 드리는 시간을 꾸준히 갖는 습관을 길러야 합니다. 이는 주님과의 관계를 발전시키는 데 중요합니다. 사실, 개인 예배는 우리가 하나님과의 관계를 발전시키는 가장 기본적인 방법입니다.

개인 예배는 하나님의 음성을 듣기 위해 우리의 귀와 마음을 조율하는 시간입니다. 하나님과 그분의 사람들 사이에는 비범한 분이 평범한 사람과 함께 거하시므로 연결이 있습니다. 우리는 이 연결을 우리가 시작한다고 생각하지 않도록 주의해야 합니다. 은혜롭고 사랑스럽게 자신을 드러내신 분은 하나님이시기 때문입니다. 예배의 시작이신 하나님은 우리가 이사야의 말씀 "화로다 나여 망하게 되었도다"(사 6:5a)와 같이 경외함으로 반응하게 하십니다.

개인 예배의 실천은 여러 가지 방식으로 설명되어 왔습니다. 오스왈드 챔버스(Oswald Chambers)는 그의 묵상집 '주님은 나의 최고봉(My Utmost for His Highest)'에서 이를 '하나님과의 친교(Communion)'라고 불렀습니다. A. W. 토저(Tozer)는 "하나님과 구속받은 인간의 영혼 사이에 지속적이고 부끄러움 없는 사랑과 생각의 교류"라고 설명했고,[57] 달라스 윌라드(Dallas Willard)는 '마음의 개조(renovation of the heart)'라고 불렀습니다.

실질적으로 개인 예배란 무엇인가요? 개인 예배는 하나님 앞에 홀로 있기 위해 따로 정한 시간입니다. 혼자 있을 필요는 없지만, 의도적으로 다른 사람들과 함께 예배하는 것은 아닙니다. 개인 예배에는 하나님을 향해 기도하고, 묵상하고, 생각하고, 찬송하고, 경청하는 것이 포함됩니다. 현관 그네에서 성경을 읽는 것도 예배입니다. 침실에서 기타를 들고 하나님께 찬양의 노래를 부르는 것, 뒷마당 정원에서 하나님에 대해 기도하고, 생각하고, 듣는 명상, 이 모든 것이며, 그 이상입니다.

사도 바울은 우리가 개인 예배에 참여할 때 하나님과 친밀한 관계를 발전시켜 나간다는 점을 분명히 합니다.

> "믿음으로 말미암아 그리스도께서 너희 마음에 계시게 하시옵고 너희가 사랑 가운데서 뿌리가 박히고 터가 굳어져서 능히 모든 성도와 함께 지식에 넘치는 그리스도의 사랑을 알고 그 너비와 길이와 높이와 깊이가 어떠함을 깨달아 하나님의 모든 충만하신 것으로 너희에게 충만하게 하시기를 구하노라"(엡 3:17-19)

우리의 개인적인 예배는 우리를 향한 하나님의 사랑이 얼마나 넓고, 길고, 높고, 깊은지를 알 수 있도록 우리 마음에 하나님의 사랑을 깊이 심어 줍니다. 이것이 바로 우리가 거해야 할 사랑입니다. 아들을 보내시기까지 보여주신 하나님의 사랑은 우리가 그분과 함께 거할 수 있는 길을 마련해 주셨습니다. 우리를 향한 하나님의 사랑이 얼마나 풍성한지 깨닫는다면 어떻게 경배와 찬양의 응답을 하지 않을 수 있겠습니까? 제가 가장 좋아하는 찬송가 중 하나는 우리를 향한 하나님의 사랑이 얼마나 큰지를 잘 표현하고 있습니다

> 하나님의 사랑은 더 크시네.
> 입술이나 펜으로 표현할 수 있는 것보다 더 크시네.
> 가장 높은 별을 넘어,
> 가장 낮은 지옥에까지 미칩니다.
> 죄인들은 조심스럽게 고개를 숙였습니다.
> 하나님은 승리하기 위해 그의 아들을 주셨습니다.
> 그의 잘못한 자녀를 화해시키시고,
> 그의 죄에서 용서하셨습니다.
>
> 우리가 잉크로 바다를 채울 수 있나요?
> 그리고 양피지로 하늘을 만들었나요?
> 지상의 모든 줄기가 깃털이었나요?
> 모든 사람이 서기관이 되어서,
> 위에 하나님의 사랑을 쓰기 위해,
> 바다를 마르게 하리라.
> 두루마리에도 전체를 담을 수 없네.
> 하늘에서 하늘로 뻗어도 다 담을 수 없네.
>
> 오 하나님의 사랑, 얼마나 풍부하고 순수한가.

얼마나 한량없고 강한가.
영원토록 지속되리.
성도들과 천사들의 노래로[58]

다시 한 번 묻지 않을 수 없습니다. 우리를 향한 하나님의 사랑이 얼마나 풍성하고 측량할 수 없으며 강한지를 깨달을 때, 어떻게 예배와 찬양의 응답을 하지 않을 수 있겠습니까?

여러분은 살면서 어디론가 떠나 조용한 곳을 찾아 하나님께만 집중하고 싶었던 시간, 하루의 걱정과 삶의 고민을 잊고 창조주께만 집중하고 싶었던 시간이 있었나요? 우리 모두 그런 시기를 겪는다고 생각합니다. 어쩌면 여러분도 지금 그런 시간을 보내고 있을지도 모릅니다. 그리스도를 따르는 사람으로서 우리는 정기적으로 하나님과 일대일 시간을 보내는 것이 중요합니다. 묵상 또는 '조용한 시간', 기도, 일기 쓰기, 찬양, 명상(단순히 생각한다는 의미), 성경 읽기 등 여러 가지 방법이 있습니다. 이 모든 것, 그리고 그 이상을 여러분과 하나님 사이에서 행하는 것을 '개인 예배'라고 합니다.

우리 중 일부에게는 이러한 것들이 시간을 내서 하고 싶은 훌륭한 일들입니다. 하지만 때로는 하루 중 시간이 부족해서 모든 일을 다 할 수 없을 때도 있습니다. 그래서 우리는 이러한 일을 하기 위해 '시간을 내는' 대신 주일 아침 예배를 예배 시간으로 정합니다. 하지만 개인 예배는 어떻습니까? 주일 아침 예배는 훌륭한 예배 시간이지만, 그것은 단체 예배입니다. 다른 사람이 나와 함께 예배에 참여하면 더 이상 개인 예배가 아닙니다. 그것은 공예배로 바뀌었습니다. 공예배 모임 중에 개인 예배가 이루어지는지에 대한 질문은 또 다른 논의의 여지가 있습니다. 다음 장에서 살펴보도록 하겠습니다. 우리가 주일 아침까지 기다렸다가 하나님께 예배를 드리면 예배의 큰 부분, 즉 하나님과의 개인적인 관계를 놓치게 됩니다.

우리 모두는 항상 예배합니다. 예배를 드리기 위해 주일까지 기다린다고 생각할 수도 있지만, 사실 일주일 내내 예배를 드리고 있습니다. 문제는 누구에게, 또는 더 나아가 무엇을 예배하고 있느냐는 것입니다. 해롤드 베스트(Harold Best)는 이렇게 말합니다.

"… 지금 이 순간에도 예배하지 않는 사람은 없으며, 이 세상이 지속되는 한, 이 세상에 사는 모든 사람은 어떤 사물이나 누군가, 즉 사물, 사람, 제도, 사상, 영 또는 그리스도를 통해 하나님을 섬기고 있습니다 … 우리 모두는 끊임없는 예배자이며 영원히 그렇게 될 것입니다 … "[59]

참된 예배자는 매일 개인적으로 주님을 찾고, 일상적인 삶의 활동을 통해 주님을 인정하는 동시에 왕국의 관점과 태도를 유지하는 사람입니다. 마르바 던(Marva Dawn)이 그녀의 책 제목 "A Royal 'Waste' of Time(고귀한 시간 낭비)"에서 적절하게 지적한 것처럼, 우리는 매일 하나님께 마땅히 드려야 할 예배를 드리는 데 과도한 힘과 능력을 소비함으로써 하나님께 우리의 시간을 '낭비'해야 합니다. 주중에도 매일 하나님께 나를 드리지 못하는데, 주일 교회에 나와서 주중의 다른 6일 동안 분명히 살지 못하는 신앙의 진리를 연습할 필요가 있을까요?

우리가 주일에 함께 모여 예배를 드릴 때, 우리의 공예배는 주중 내

내 참여했던 개인 예배를 통해 힘을 얻어야 합니다. 그러면 우리가 모일 때, 우리의 공예배는 다음 주에 있을 개인 예배에 활력을 불어넣을 수 있습니다. 우리는 주중 내내 개인 예배를 통해 하나님을 예배하고, 주일에 다시 모여 공동체 예배를 통해 하나님을 예배해야 합니다. 우리를 위해 모든 것을 주신 분을 만나기 위해 주중에 너무 바쁘게 살지 마시기 바랍니다.

8.
공예배

"그러므로 지금까지 다른 그리스도인들과 공동의 그리스도인 생활을 하는 특권을 누렸던 그가 마음으로부터 하나님의 은혜를 찬양의 마음으로 예배하게 하소서. 그가 무릎을 꿇고 하나님께 감사하며 선언하게 하소서. 우리가 그리스도인 형제들과 함께 공동체 생활을 할 수 있게 된 것은 오직 은혜, 오직 은혜입니다."

디트리히 본회퍼(Dietrich Bonhoeffer)

하나님은 예배하는 사람들의 공동체적 모임을 '그리스도의 몸'이라고 부르십니다. 그렇다면 '공동'이라는 영어 단어가 인체를 의미하는 라틴어 '코퍼스(corpus)'에서 파생되었다는 사실은 놀라운 일이 아닙니다. 어떤 이들은 하나님과의 관계를 발전시키는 데는 개인적 예배만으로도 충분하다고 믿으며 공동 모임이 필요한지 의문을 제기합니다. C. S. 루이스는 반박합니다,

"방에 틀어박혀 신학을 읽으면서 교회에 가지 않고 혼자서 할 수 있을 것이라고 생각했습니다. 하지만 점점 더 큰 장점이 있다는 것을 깨달았습니다. 전혀 다른 생각과 다른 교육을 받은 사람들을 만나면서 점차 제 자만심이 벗겨지기 시작했습니다. 6류 음악에 불과했던 찬송가가 반대편 좌석에서 고무줄 장화를 신은 늙은 성도가 헌신과 유익을 담아 부르고 있다는 사실을 깨닫고 나니 내가 그 장화를 닦을 자격이 없다는 것을 깨달았습니다. 고독한 자만심에서 벗어날 수 있습니다."[60]

그리스도인은 개인 예배 외에도 공예배를 실천해야 합니다. 마틴 루터(Martin Luther)는 "하나님의 사람들과 함께 모여 아버지를 연합하여 예배하는 것은 기도만큼이나 그리스도인의 삶에 필요한 것"이라고 말합니다. 예배는 개인적인 경험일 뿐만 아니라 집단적인 노력이기도 합니다. 사도 베드로는 그리스도를 따르는 사람들을 '사람', '신권', '나라'와 같은 용어로 말합니다. 예수님은 "두세 사람이 내 이름으로 모인 곳에는 나도 그들 중에 있느니라"(마 18:20)라고 말씀하셨습니다. 이것은 그리스도께서 개인보다 모임에 더 많은 방식으로 자신을 드러내신다는 말이 아닙니다. 왜냐하면 우리는 하나님이 변하지 않으신다는 것을 알기 때문입니다. '나'가 '우리'가 될 때 변화하는 것은 바로 '우리'입니다.

공예배에 모인 그리스도인들은 단수이면서 동시에 복수인 삼위 하나님의 본질을 반영하며, 성령의 임재와 서로를 통해 하나님을 공동체적으로 경험합니다. 또한 바울이 에베소 교인들에게 보낸 편지에 반영된 것처럼, 공예배에는 이중 청중이 있습니다. "시와 찬송과 신령한 노래들로 서로 화답하며 너희의 마음으로 주께 노래하며 찬송하며 범사에 우리 주 예수 그리스도의 이름으로 항상 아버지 하나님께 감사하며"(엡 5:19-20). 우리는 하나님과 서로에게 노래를 부릅니다.

다른 사람이 예배하는 모습을 보면서 예배에 이끌린 적이 몇 번이나 있는지 모릅니다. 다른 사람들이 자신이 가진 모든 것과 모든 것을 다해 하나님을 예배하는 모습을 보면서 용기를 얻습니다.

몇 년 전에 저는 친구와 함께 앉아 있었는데 친구가 자신의 아내가 암 진단을 받았다고 말했습니다. 저는 믿을 수 없었습니다. 믿고 싶지 않았습니다. 아내는 젊고 활기가 넘쳤으니까요. 저보다 더 많은 활력을 가지고 있었습니다. 두 사람 사이에는 세 명의 어린 자녀가 있었는데 제 아이들과도 좋은 친구였습니다. 우리 가족은 수년 동안 친밀한 관계를 맺어왔습니다. 아버지가 이 끔찍한 소식을 전해주셨을 때 제 마음속에는 많은 질문이 소용돌이쳤습니다. '어떻게 이런 일이 일어날 수 있을까?' '어떤 목적이 있을까?' '하나님은 왜 이런 일을 허락하셨을까?'

그러던 어느 수요일에 친구로부터 연락이 왔습니다. 그들은 이 소식을 직접 들어야 하는 사람들에게 직접 말할 수 있을 때까지 교회 가족에게 알리는 것을 보류하기로 결정했습니다. 그 결과 주일에 예배를 드리기 위해 모였을 때 진단 사실을 아는 사람은 많지 않았습니다. 그날이 선명하게 기억나는 이유는 공예배에 대해 더 잘 이해할 수 있게 되었기 때문입니다.

저는 교회에서 예배 담당 목사로 봉사하고 있었는데, 마침 그날은 예배 인도자 중 한 명이 예배를 인도하기로 예정되어 있어서 제 자리를 비워야 했습니다. 아내와 저는 평소에는 거의 앉지 않는 강단 뒤쪽 근처에 앉아 있었습니다. 보통은 앞쪽 근처에 앉습니다. 예배의 처음 찬양 부분에서 어느 순간 저는 강단 반대편으로 눈을 돌리고 싶은 강한 느낌이 들었습니다. 그러자 며칠 전 암 진단을 받은 친한 친구가 눈을 치켜뜨고 손을 들어 찬송하는 모습이 보였습니다.

> 당신 안에서, 당신 안에서 나는 평화를 찾습니다.
> 당신 안에서, 당신 안에서 나는 내 힘을 찾습니다.
> 당신 안에서 나는 살고 움직이고 숨 쉬고,

> 내가 말하고 행동하는 모든 것이 당신에 대한 나의 믿음에 기초하게 하소서.
> 나는 거룩한 손을 들어 노래하고 찬양의 울림이 울려 퍼지게 합니다.[61]

숨이 멎을 것 같았고 눈물이 나기 시작했습니다. 고난과 고통, 불확실성 속에서 온전히 포기한 채 예배에 임하는 그녀의 모습이 제 마음에 용기를 주었습니다. 비록 그녀는 몰랐지만, 그녀는 저를 예배로 인도하는 데 도움을 주었습니다. 제가 공예배에 참여하지 않았다면 그 아름다운 예배의 모습을 놓쳤을 것입니다.

너무 자주 예배자들은 공적 환경에서 개인 예배에 참여합니다. 저는 이것이 오늘날 교회가 특히 북미에서 어려움을 겪고 있는 큰 영역이라고 생각합니다. 우리는 출세를 위해 무슨 일이든 하는 것이 당연시되고 심지어 권장되는 자기중심주의 문화에 살고 있습니다. 목표한 바를 이루기 위해 누구를 밟아야 하는지는 중요하지 않고, 자신에게 도움이 되는 일만 하면 됩니다. 저는 남부 캘리포니아의 거리에서 다른 출퇴근하는 사람들을 앞지르고 동료 여행객을 배려하지 않는 운전자들을 매일 목격합니다. 이러한 자기중심주의적 태도는 예배가 주로 내가 원하는 것, 내가 필요하거나 마땅히 받아야 한다고 생각하는 것에 관한 것이 되어버린 교회에까지 영향을 미쳤습니다. 그 결과 예배 인도자들은 어떤 대가를 치르더라도 사람들이 하나님께 집중하도록 격려함으로써 자기중심주의적인 영향을 되돌리기 위해 노력해 왔습니다. 그리고 그 비용의 큰 부분은 공예배였습니다. 우리는 예배당에 들어가서 찬양이 시작되자마자 눈을 감고 손을 들고 주변의 다른 사람들을 무시합니다.

심지어 지도자들이 회중에게 "다른 사람이 무엇을 하든 신경 쓰지 말고 예배에 도움이 되는 것만 하라"고 권유하는 것도 들었습니다. 그러나 그것은 공예배가 아닙니다.

사도 바울은 교회가 수직적인 예배, 즉 하나님께만 관심을 기울이고 집중하는 예배뿐만 아니라 수평적인 예배를 드리며 서로를 격려하는 예배를 드리라고 권면합니다. 바울은 이 점을 매우 중요하게 생각하여 두 개의 다른 편지에서 언급했습니다.

"… 오직 성령으로 충만함을 받으라 시와 찬송과 신령한 노래들로 **서로 화답하며** 너희의 마음으로 주께 노래하며 찬송하며 범사에 우리 주 예수 그리스도의 이름으로 항상 아버지 하나님께 감사하며, 강조는 필자)

"그리스도의 말씀이 너희 속에 풍성히 거하여 모든 지혜로 **피차 가르치며 권면하고** 시와 찬송과 신령한 노래를 부르며 감사하는 마음으로 하나님을 찬양하고"(골 3:16, 강조는 필자)

우리는 공예배가 잘못 이해되는 시대에 살고 있습니다. 사람들이 공예배라고 생각하는 것은 사실 공적 환경에서 이루어지는 개인 예배입니다. 일주일에는 168시간이 있습니다. 그 중, 167시간 동안 우리는 개인 예배를 드릴 수 있습니다. 우리는 본질적으로 일주일에 한 시간만 그리스도의 몸과 함께 공예배에 참여할 수 있습니다. 우리는 그 한 시간 동안 열심을 다하고 어떤 대가를 치르더라도 그 시간을 지켜야 합니다. 공예배를 위해 따로 마련된 시간에 개인적으로 예배를 드리며 그 시간을 낭비하지 말아야 합니다. 그럴 경우, 우리는 주변 사람들이 예배로 인도할 기회를 놓치거나, 최악의 경우 다른 사람의 예배에 힘이 되어줄 수 있는 기회를 놓칠 수도 있습니다.

저는 예배 인도자와 공예배를 준비하는 분들에게 잠시 말씀드리고 싶습니다. 공적 환경에서 개인 예배보다는 공예배를 장려하는 방식으로 예배를 준비하는 것이 중요합니다. 예배를 위해 준비한 노래, 기도, 성경 낭독 등이 공예배를 장려하고 있나요?[62] 예배 공간을 구성한 방식이 개인 또는 공예배를 장려하고 있나요?

몇 년 전 가족과 함께 휴가 중 친구의 교회를 방문했었습니다. 이 교회는 여러 예배가 있는 큰 교회였습니다. 저는 이 교회에 몇 번 가본 적이 있고 그 교회의 지도자와 사역을 높이 평가합니다. 저는 토요일 저녁 예배에 참석했습니다. 이 예배에는 아마 500명이 참석했던 것 같습니다. 설교 직전에 예배 인도자가 회중을 이끌고 찬양을 부르는데, 그 찬양은 단숨에 저와 모든 회중을 개인 경배로 이끌었습니다. 찬양의 어느 지점에서 "예수님 여기엔 당신과 나뿐이네, 지금 여기엔 당신과 나뿐이네"라는 가사가 나옵니다. 저는 이 지점에 이르렀을 때 노래를 멈춰야 했습니다. 가사가 현실과 맞지 않았기 때문입니다. 그 순간에는 '예수님과 나'만 있는 것이 아니었습니다. 제 아내도 제 옆에 서 있었고 두 친구도 서 있었습니다. 예배당에 있던 다른 4백 96명의 다른 사람들은 말할 것도 없습니다. 만약 제가 그 말을 했다면 거짓말쟁이가 되었거나, 그 방에 있던 다른 모든 사람들을 무시할 수밖에 없었을 것입니다.

"아, 너무 문자 그대로 말씀하시는군요"라고 생각하실 수도 있습니다. 하지만 예수님이 진리라고 주장하셨고(요 14:6 참조), 우리가 그분의 이름으로 모여 그분을 경배한다면, 예배할 때 진실해야 하지 않을까요? 우리가 예배에서 부르는 말이 진리인지 아닌지에 대해 관심을 가져야 하지 않을까요? A. W. 토저(Tozer)는 "기독교인들은 거짓말을 하지 않고 교회에 가서 거짓말을 할 뿐이다"라는 말을 인용한 적이 있습니다. 오, 그것이 과장된 표현이라면. 예배에서 부르는 찬송이 우리 삶의 현실과 연결되지 않는 경우가 너무 많습니다. 이 세상에는 우리의 관심을 끌기 위해 경쟁하고 우리를 하나님으로부터 멀어지게 하려는 것들이 너무 많습니다. 저는 예배를 위해 모일 때, 하나님이 어떤 분이신지 예배를 선포하고 그분이 행하신 일에 대한 찬양을 드리고 싶습니다. 그리고 저는 찬양을 부를 때 진실하기를 원합니다. 그렇지 않은 것은 하나님과 예배자에게 시간 낭비입니다.

정교회 신학자 알렉산더 슈메만(Alexander Schmemann)은 공예배에 대해 이렇게 말합니다,

> "여정은 그리스도인들이 집과 침대를 떠날 때 시작됩니다. 그들은 실제로 이 현재적이고 구체적인 세상에서의 삶을 떠나며, 15마일을 운전하든 몇 블록을 걸어가든 이미 성례전 행위가 일어나고 있으며, 그 행위는 앞으로 일어날 모든 일의 조건이 되는 행위입니다. 그들은 지금 교회를 구성하기 위해, 더 정확히 말하면 하나님의 교회로 변화되기 위해 나아가고 있기 때문입니다. 그들의 일부는 백인, 일부는 흑인, 일부는 가난하고 일부는 부유한 개인이었으며, '자연스러운' 세계이자 자연스러운 공동체였습니다. 그리고 이제 그들은 '한곳에 모여' 그들의 삶과 '세계'를 함께 가져와 그 이상의 것, 즉 새로운 삶을 가진 새로운 공동체가 되라는 부름을 받았습니다. 우리는 이미 일반적인 예배와 기도의 범주를 훨씬 넘어섰습니다. 이 '함께 모이는 것'의 목

적은 단순히 자연 공동체에 종교적 차원을 더하여 더 책임감 있고 더 기독교적인 '더 나은' 공동체를 만들기 위한 것이 아닙니다. 그 목적은 교회를 완성하는 것이며, 이는 만물이 끝이 있고 만물이 시작이 되는 분을 드러내는 것을 의미합니다."[63]

이전 장에서 언급했듯이, 우리는 공예배 경험의 힘과 중요성을 소홀히 해서는 안 됩니다. 공예배 모임을 각 나무 조각이 그리스도를 따르는 사람을 상징하는 모닥불이라고 생각해 보기 바랍니다. 함께 모이면 불꽃은 밝고 강렬하게 타오릅니다. 하지만 그 장작 중 하나를 불에서 떼어내어 혼자 불을 끄면 불꽃은 금세 사그라듭니다. 이제 같은 나무 조각을 다시 불에 넣으면 다른 나무 조각과 함께 다시 점화되어 밝게 타오릅니다. 청교도 스티븐 차녹(Stephen Charnock)은 공예배의 힘을 이렇게 생각했습니다.

"공예배는 무신론에 빠지기 쉬운 세상에서 하나님을 기억하게 하고, 건망증에 빠지기 쉬운 마음에서 하나님에 대한 감각을 유지시켜 줍니다. 천사들은 그리스도의 탄생 때 혼자가 아닌 여럿이 함께 노래했고, 단순히 영적 본성을 드러낼 뿐만 아니라 공중에서 소리를 내어 청각적으로 하나님을 찬양의 대상으로 삼았습니다. 애정은 사적인 것보다 공적인 곳에서 더 활기차고, 영혼은 사적인 것보다 공적인 곳에서 더 드러납니다 … 불은 많은 석탄을 한 곳에 함께 놓음으로써 커지며, 헌신도 많은 마음이 연합하고 함께 있음으로써 불이 붙습니다"[64]

공예배의 중요성을 이해했다면, 우리는 공예배 모임에 없어서는 안

될 요소들을 고려해야 합니다. 많은 신학자들은 신약성경에 등장하는 이 여섯 가지 요소를 공예배에 필수적인 요소로 간주합니다.

1. 말씀 읽기(딤전 4:13-15)
2. 설교(행 2:42, 딤전 4:13, 딤후 3:15-17, 4:2)
3. 기도하기(딤전 2:1, 고전 14:16, 히 4:16, 행 1:14, 2:1, 4:24, 32)
4. 노래(엡 5:19, 골 3:16, 계 5:9-13, 15:3, 4)
5. 정기적인 세례(마 28:19, 20, 참조. 행 2:41, 8:12, 36-38, 9:18)와 주의 만찬(행 2:42, 고전 11:24-30) 준수하기
6. 말씀 사역에 정기적으로 헌금하기(고전 16:2, 고후 9:7)

다른 예배 관행은 도움이 되지만 반드시 필요한 것은 아닙니다. 예를 들어, 우리는 회중의 찬양을 반주하고 하나님께 음악으로 찬양을 드리기 위해 악기를 사용하지만, 신약 성경은 예배에서 악기 사용에 대한 지침에 관해서 침묵하고 있습니다. 우리가 예배에서 하나님과의 진정한 연결을 추구할 때, 우리는 위의 필수 요소들 안에서 그분을 발견할 수 있기를 기대해야 합니다. 하나님은 그의 완전한 지혜로 우리의 공예배를 인도하기 위해 이러한 분명한 원칙과 관행을 우리에게 주셨습니다.

함께 예배하는 것은 그리스도를 따르는 우리에게는 매우 중요한 일입니다. 우리가 예배를 드리기 위해 모일 때는 단순히 친구들과 모여 함께 찬양하고 기도하는 것만이 아닙니다. 하나님의 사람으로서 우리는 하나님의 임재 속으로 들어가는 특권을 누리고 있습니다. 공예배에서 하나님을 만나는 것은 교회의 본질입니다. 교회가 된다는 것은 하나님의 임재 앞에 모여 함께 그분을 예배하는 것입니다.

9.
삶의 예배

"하나님을 아는 지식은 순종에서 나온다."

존 칼빈(John Calvin)

그리스도의 제자는 개인 예배와 공예배 외에도 삶의 예배에 참여해야 합니다. 삶의 예배를 실천한다는 것은 그리스도를 따르는 사람들이 하나님에 대한 순종을 통해 그들의 사랑, 즉 예배를 드러내는 것을 의미합니다. 예배에 관한 최고의 신학자 중 한 명인 로버트 웨버(Robert E. Webber)는 "내가 진정으로 예배를 드렸는지 어떻게 알 수 있습니까?"라는 질문을 받은 적이 있습니다. 웨버의 대답은 간단했습니다. "순종한 정도에 따라 알 수 있습니다." 예수님은 "나의 계명을 지키는 자라야 나를 사랑하는 자니 나를 사랑하는 자는 내 아버지께 사랑을 받을 것이요 나도 그를 사랑하여 그에게 나를 나타내리라"(요 14:21)라고 말씀하셨습니다. 리차드 포스터(Richard Foster)는 그의 고전적인 저서인 '훈련의 즐거움(Celebration of Discipline)'에서 "예배는 거룩한 기대에서 시작하듯이 거룩한 순종에서 끝납니다. 예배가 우리를 더 큰 순종으로 이끌지 못한다면 그것은 예배가 아닙니다."[65] 하나님에 대한 순종을 통해 우리는 진정으로 예배의 삶을 살 수 있습니다.

사도 바울은 예배에 대한 가르침에서 그리스도인들에게 자신이 받은 자비를 생각하고 자신을 산 제물로 드리며 예배하라고 촉구했습니다(롬 12:1). 성경은 완벽을 요구하지 않으며, 완벽한 삶을 사는 것에 대해 말하지 않습니다. 예배자의 삶은 하나님을 기쁘시게 하는 삶, 즉 순종의 삶을 살도록 강요하는 하나님의 자비에서 비롯됩니다. 미가 선지자는 생활 예배에 대한 멋진 설명을 들려줍니다.

> "사람아 주께서 선한 것이 무엇임을 네게 보이셨나니 여호와께서 네게 구하시는 것은 오직 정의를 행하며 인자를 사랑하며 겸손하게 네 하나님과 함께 행하는 것이 아니냐"(미 6:8)

정의롭게 행동하고, 어려운 사람들을 돌보고, 다른 사람들을 사랑하고 친절을 나누며, 성부, 성자, 성령 하나님과 함께 걸을 때, 우리는 예배의 삶을 사는 것입니다.

제자들이 예수님을 따르도록 부름을 받았을 때 그들의 삶은 근본적으로 바뀌었습니다. 예수님과 함께 시간을 보내고 그분을 따른다는 것은 하나님의 눈으로 세상을 발견하는 것을 의미했습니다. 하나님의 긍휼은 가난하고 궁핍한 자, 병들고 죽어가는 자 등 육체적, 정서적, 정신적, 영적으로 고통받는 이들을 포함한다는 것을 분명히 알 수 있었습니다. 우리가 예수님을 예배하려면 예수님이 살았던 것처럼 우리의 삶을 살아야 합니다.

> "이에 예수께서 제자들에게 이르시되 누구든지 나를 따라오려거든 자기를 부인하고 자기 십자가를 지고 나를 따를 것이니라 누구든지 제 목숨을 구원하

고자 하면 잃을 것이요 누구든지 나를 위하여 제 목숨을 잃으면 찾으리라"(마 16:24-25)

'예수님을 따르라'는 이 부르심은 하나님과 함께 산다는 것이 무엇을 의미하는지에 대한 우리의 시야를 넓혀주고, 결과적으로 그분을 예배하게 합니다. 실제로 예수님은 우리가 어떻게 사는지에 따라 그분을 예배하는 것이 측정될 것이라고 말씀하셨습니다(마 25:31-46 참조).

하나님은 신실한 예배자들이 그들의 삶을 통해 의와 정의를 보여주기를 기대하십니다. 세상은 신실한 예배자들의 삶을 통해 하나님에 대해 무언가를 보고 알게 될 것입니다. 마크 래버튼(Mark Labberton)은 이렇게 제안합니다,

"현재 교회가 직면한 위기는 개인과 교회의 예배가 하나님이 찾으시는 정의와 의의 열매를 맺지 못한다는 것입니다. 이것은 하나님 앞에서 신실함의 위기를, 세상 앞에서 목적의 위기를 초래합니다. 성경은 개인 예배와 공예배가 우리의 비전을 형성하고, 의와 정의의 행동으로 예수 그리스도의 사랑을 본받고 나누는 대담한 제자가 되기 위한 엔진을 점화하기 위한 것이라고 말합니다. 또한 성경은 세상 사람들이 믿든 믿지 않든, 교회 안에서 하나님의 사람답게 살기 위해 고난과 죽음을 기다리면서 우리의 예배를 삶으로 보여준다고 가르칩니다(롬 8:18-25). 예배를 둘러싼 싸움의 핵심은 우리의 예배가 정의에 대한 부르심과 분리되어 있고, 하나님 나라의 자기 희생적인 삶을 키우기보다는 우리 문화의 방종적인 경향을 조장한다는 것입니다. 우리는 잠들어 있습니다. 우리가 깨어나서 예배라는 위험한 행위를 실천하고, 하나님의 정의에 대한 부르심을 실천하는 것보다 더 중요한 것은 없습니다."[66]

예배의 삶을 산다는 것은 하나님의 마음이 있는 곳에 거하며 그분의 사랑의 의와 자비로운 공의를 구현하는 삶으로 예배를 드리는 것을 의미합니다.

"우리의 예배는 더 큰 자비가 중심이 되어야 합니다. 우리의 예배는 특히 가장 잘 보이지 않고, 가장 기억되지 않고, 가장 원치 않는 사람들을 위한 값비싼 정의의 행동으로 우리를 이끌어야 합니다. 성경적 예배의 활발한 실천은 더 많은 것을 베풀기 위해 더 적게 소비하는 자유로운 선택으로서 우리의 끝없는 소비주의를 멈추게 하거나 최소한 방향을 바꿔야 합니다. 우리의 예배는 예배가 만들어내는 삶, 즉 예수 그리스도의 광범위하고 희생적이며 인내심 있는 헌신을 분명하게 증거하는 삶으로 인정받을 수 있어야 합니다. 성경이 제시하는 것처럼 교회는 가난하고 억압받는 사람들을 위해 정의를 추구하는 사람들로 구성되어야 하며, 그것이 바로 세상에서 그리스도의 몸이라는 의미이기 때문입니다. 우리는 우리의 삶이 하나님의 마음을 보여주지 않고도 하나님의 마음에 끌린다는 느낌만으로 충분하다고 스스로를 속여서는 안 됩니다."[67]

예배자는 정의를 행하고, 친절을 사랑하며, 삼위일체 하나님과 겸손히 동행함으로써 예배를 보여주어야 합니다.

그렇다고 해서 그리스도인이 말로 예수 그리스도의 복음을 전할 때 면죄부를 받는다는 뜻은 아닙니다. 말을 통해 그리스도의 사랑을 선포하는 것은 매우 귀중한 일이며 부정해서는 안 되지만, 우리의 삶 또한 예수 그리스도의 복음을 전하는 방식으로 하나님의 진리를 선포해야 합니다. 13세기 설교자 아시시의 프란치스코(Francis of Assisi)는 "항상 복음을 전하고 필요할 때는 말을 사용하라"라고 했습니다. 프란시스는 강력한 설교자였지만, 삶에서의 예배의 힘에 대해서도 잘 알고 있었습니다.

지난 몇 장에 걸쳐 모든 크리스천이 실천해야 할 세 가지 유형의 예배에 대해 살펴봤습니다. 어느 한 예배가 다른 예배보다 더 중요하지는 않습니다. 각각은 매우 귀중하며 성경적인 예배입니다. 예배자는 개인 예배, 공예배, 삶의 예배를 실천해야 합니다. 이제 예배자들이 참여하는 다양한 형식의 모임에 대해 살펴보겠습니다.

3부
예배 모임

"하나님의 사람들이 모여 그분을 예배할 때마다 하나님은 그들 가운데서 당신의 임재를 알리겠다고 약속하십니다. 반면에 하나님의 사람들이 참된 영적 예배를 지속적으로 소홀히 하는 곳에서는 그분의 명백한 임재를 거의 경험하지 못합니다."

랄프 마호니(Ralph Mahoney)

교회의 사역 지도자라면 다음과 같은 질문을 몇 번 이상 들어본 적이 있을 것입니다. "왜 우리 교회의 예배는 '빈칸 채우기'의 예배가 될 수 없나요?" 학생들은 여름 캠프에서 산 정상 체험을 하고 돌아와서 교회에서도 같은 종류의 예배를 경험하고 싶어 합니다. '프라미스 키퍼(Promise Keeper)'[68]를 마치고 돌아온 남성들은 왜 교회에서 부르는 찬양이 행사 때와 같지 않은지 궁금해합니다. 예배 팀원들은 예배 컨퍼런스에 참석했다가 교회로 돌아와 교회 예배의 질이나 역동성이 예전과 같지 않아 기운이 빠지기도 합니다.

몇 년 전에 저는 제 마음속에 항상 알고 있었던, 예배 경험의 차이 즉, 예배 모임에는 차이가 있다는 주장에 대해 도움이 되는 두 편의 글을 읽었습니다. 다음 장의 예배 모임에 대한 제목을 제공한 폴 B. 클라크 주니어(Paul B. Clark Jr)[69]와 시드 히엘레마(Syd Hielema)[70]에게 감사를 표합니다.

기독교인이 참여할 수 있는 예배 모임에는 네 가지 종류가 있으며, 개인 예배, 가족 예배, 회중 예배 및 축제 예배입니다.

10.
개인 예배 모임

"이르시기를 너희는 가만히 있어 내가 하나님 됨을 알지어다 내가 뭇 나라 중에서 높임을 받으리라 내가 세계 중에서 높임을 받으리라 하시도다"(시 46:10)

개인 예배는 고립되어 예배하는 시간입니다. 이 모임에서 7장에 나오는 개인 예배의 요소들이 실천에 옮겨집니다. '모임(gathering)'이라는 용어가 이상하게 느껴질 수 있지만, 개인 예배 모임은 예배자와 성부, 성자, 성령 삼위일체 하나님의 모임이라고 보는 것이 정확합니다. 폴 B. 클라크 주니어(Clark Jr.)는 "오직 한 명의 예배자만이 삼위일체 하나님과 함께 모인다는 점에서 배타적으로 보이는 예배의 고독은 다양한 표현의 수단과 모임 자체의 다양한 장소를 찾을 수 있습니다."[71]고 말했습니다. 매일 경건의 시간에 삼위일체 하나님과 함께 모일 때, 저는 하나님이 누구이시며 어떻게 당신을 계시해 주셨는지 깨닫습니다. 개인 예배는 특정 장소에만 국한되지 않습니다. 성경을 읽으면서 뒷마당에서, 아침 커피를 마시면서 식탁에서, 또는 그 밖의 여러 장소에서 예배를 드릴 수 있습니다. 하나님께 집중하고 그분께 영광을 돌리기 위해 내가 따로 정한 시간입니다.

개인 예배는 지정된 시간에만 이루어지는 것이 아니라 계획되지 않은 시간에도 이루어질 수 있습니다. 예를 들어, 고속도로에서 차가 막

히면(저는 로스앤젤레스에 살고 있어서 이런 일이 자주 일어납니다) 아이팟을 연결하고 주님께 찬양의 노래를 부를 수 있는 기회가 생깁니다. 모임 시간까지 예상보다 길어져 오래 기다리게 되면 그 시간을 기도로 하나님과 소통하는 데 사용할 수 있습니다.

개인 예배 모임은 종종 친밀하고 개인적인 모임입니다. 이 모임에서 부르는 노래와 기도문은 공적인 예배 환경에서 사용하기에는 너무 사적인 내용일 수 있습니다. 우리는 다윗 왕이 영혼 깊은 곳에서 주님께 부르짖었던 많은 예를 찾을 수 있습니다.

"여호와여 어느 때까지니이까 나를 영원히 잊으시나이까 주의 얼굴을 나에게서 어느 때까지 숨기시겠나이까 나의 영혼이 번민하고 종일토록 마음에 근심하기를 어느 때까지 하오며 내 원수가 나를 치며 자랑하기를 어느 때까지 하리이까"(시 13:1-2)

또는

"내 하나님이여 내 하나님이여 어찌 나를 버리셨나이까 어찌 나를 멀리 하여 돕지 아니하시오며 내 신음 소리를 듣지 아니하시나이까 내 하나님이여 내가 낮에도 부르짖고 밤에도 잠잠하지 아니하오나 응답하지 아니하시나이다"(시 22:1-2)

그러나 주님께 깊이 부르짖는 시간 속에서도 우리는 하나님의 신실하심으로 인해 기뻐할 수 있으며, 그분이 우리를 전능하신 손으로 붙잡아 주실 것을 확신합니다.

"나는 오직 주의 사랑을 의지하였사오니 나의 마음은 주의 구원을 기뻐하리이다 내가 여호와를 찬송하리니 이는 주께서 내게 은덕을 베푸심이로다"(시 13:5-6)

종종 개인 예배 모임에 더 적합한 특정 친밀한 예배 요소를 공예배에 통합하는 경우가 있습니다. 예배 인도자는 이를 주의해야 하며 이러한 친밀한 노래, 기도문 등은 개인 예배를 위해 남겨 두어야 합니다. "하지만 우리 회중이 이 특별한 노래로 예배할 수 있는 유일한 기회입니다." 그렇기 때문에 우리는 사람들이 일주일 내내 개인 예배에 참여하도록 힘써야 합니다(7장 검토). 우리는 사람들에게 주일 아침뿐만 아니라 항상 예배를 드리도록 가르쳐야 합니다.

개인 예배 모임에 적합하지만, 오늘날의 예배 문화에서 종종 무시되는 중요한 예배 형식은 침묵입니다.[72] 우리는 너무 자주 하나님께 응답하는 유일한 방법이 말을 사용하는 것인 것처럼 느낍니다. 그러나 침묵의 시간 속에서 우리는 하나님께서 우리에게 말씀하시는 음성을 들을 수 있습니다. 클라크(Clark)는 이렇게 말합니다.

"많은 크리스천들은 하나님과 더 가까워질 수 있는 영감을 얻기 위해 끊임없이 소음을 필요로 하는 것 같습니다. 크리스천 아티스트들의 음악을 들으면 세상의 잡음을 어느 정도 잠재울 수 있지만, 조심하지 않으면 하나님의 '여전히 작은 음성'을 가릴 수 있습니다. 고독한 예배의 교제는 때때로 침묵의 훈련을 통해 잘 이루어질 수 있습니다."[73]

헨리 나우웬(Henri Nowuwen)은 이렇게 말합니다,

"자신의 지위와 부를 이집트 사막의 고독과 바꾼 로마의 교육자 아르세니우스(Arsenius)가 '주여, 나를 구원의 길로 인도하소서'라고 기도했을 때, 그는 '침묵하라.'[74]라는 음성을 들었습니다."

개인 예배 모임에서 발견되는 고독을 완성하고 강화하는 것은 '침묵'입니다. 이것이 사막의 교부들이 공유한 신념입니다. 이 점을 잘 보여주는 마카리우스(Macarius) 수도원장에 관한 이야기가 있습니다.

"한번은 수도원장 마카리우스가 스케테(Scete) 교회에서 형제들에게 축도한 후, 형제들에게 '형제들아, 날아라.'라고 말했습니다. 그러자 장로 중 한 사람이 '우리가 여기 사막에 있는데 어떻게 이보다 더 멀리 날 수 있습니까?'라고 대답했습니다. 그러자 마카리우스가 손가락을 입에 대고 '여기서부터 날아라.'라고 말했습니다. 그렇게 말하면서 그는 자기 감방으로 들어가 문을 닫았습니다."[75]

그러나 우리가 그렇게 연습하지 않을 때 어떻게 침묵으로 예배할 수 있을까요? 여러분이 저와 같은 사람이라면 오랜 시간 동안 침묵 속에 앉아 마음이 방황하지 않고 오직 하나님께만 집중하는 것은 어려운 일입니다. 우리는 위대한 영국 시인 존 도네(John Donne)의 말에 동의할 수 있을 것입니다,

"나는 내 방에 내려가서 하나님과 그의 천사들을 불러서 그곳으로 초대

하고, 그들이 그곳에 있을 때 나는 파리 소리, 마차의 덜컹거리는 소리, 문이 삐그덕거리는 소리 때문에 하나님과 그의 천사들을 소홀히 하게 됩니다."[76]

침묵을 통한 예배는 영적 훈련이며, 다른 훈련과 마찬가지로 잘하기 위해서는 집중적인 노력과 연습이 필요합니다. 그것을 훈련이라고 부르는 데는 이유가 있습니다. 지나치게 말이 많은 세상 속에서 침묵을 통해 하나님을 예배하려면 훈련을 받아야 합니다.

예배에 침묵을 도입하는 데 어려움을 겪는 분들을 위해 침묵을 연습할 수 있는 한 가지 방법은 '렉시오 디비나(Lectio Divina)'[77]를 연습하는 것입니다. '렉시오 디비나', 즉 '신성한 독서'는 '대인 관계의 심화'라고 할 수 있으며[78], 자신을 하나님께 드리고 하나님이 주시는 모든 것을 받아들이는 영적 분위기를 만들어 줍니다. '렉시오 디비나'는 성경을 천천히 묵상하며 기도하는 것으로, 깊이 듣는 능력을 키우는 것에서 시작됩니다. 주님의 음성은 종종 매우 부드럽게 말씀하십니다. 부드럽게 말씀하시는 분의 음성을 들으려면 침묵해야 합니다. '렉시오 디비나'와 같은 훈련을 통해 하나님의 말씀을 묵상하는 습관을 들인 후에는 하나님을 향한 개인적 예배에 침묵의 시간을 포함시킬 수 있습니다.

많은 사람들이 예배 전에 개인적으로 준비하지 않고, 더 나아가 예배에서 하나님께 집중하기 위해 마음을 비우는 데 어려움을 겪습니다. 개인 예배를 통해 우리는 다른 신자들과 함께 예배에 집중하고 준비할 수 있습니다. 개인 예배를 통해 영적 훈련을 하면 회중 모임에서 예배를 드리는 데 도움이 될 것입니다. 궁극적으로 개인 예배 모임의 주된 목적은 개인적인 헌신과 제자도를 촉진하는 친밀한 방식으로 하나님을 예배하는 것입니다.

11.
가정 예배 모임

"하나님의 사람들이 참여할 수 있는 가장 중요하고 최고의 활동은 전능하신 하나님께서 받으실 만한 예배를 드리는 것입니다."

데이비드 마틴 로이드 존스(David Martin Lloyd-Jones)

가정 예배 모임에 대해 이야기할 때, 단순히 혈연이나 족보로 연결된 사람들만 모인다는 의미는 아닙니다. 이 예배 모임은 직계 가족 단위뿐만 아니라 가족적 또는 친숙한 요소를 고려합니다. 18세기의 '가정(Family)'에 대한 정의에는 "공통의 구별되는 특징에 따라 친족으로 분류되는 모든 집단"이 포함됩니다. 따라서 가정 예배는 서로 친숙한 사람들로 구성된 소그룹 모임이 함께 예배를 드릴 때 발생합니다.

이 같은 종류의 그룹이 모일 때, 함께 예배를 드리려는 의도로 모인 것은 아니지만 어떤 형태의 예배가 이루어지게 됩니다. 예를 들어, 교회의 장로들은 매달 장로 모임을 열고 모임이 끝나면 오랜 시간 동안 기도하는 시간을 갖습니다. 사업적인 미팅을 목적으로 모였지만 예배에 참여함으로써 모임을 마무리합니다. 친구들이 저녁 식사를 위해 누군가의 집에 모여 피아노 주위에 서서 좋아하는 찬송가를 부르며 모임을 마무리합니다. 교제를 목적으로 모였지만 예배로 저녁을 마무리합니다.

가정 예배 환경은 대인 관계를 더욱 돈독하게 만들어준다는 점에서 특징적입니다.

> "대부분의 교회는 큰 회중 안에 소그룹으로 구성되어 있습니다. 교회는 핵가족 외에도 노년층, 신혼부부, 젊은 부모, 독신자 등의 모임을 장려합니다. 교회에 다니는 많은 사람들이 이러한 모임을 통해 중요하고 의미 있는 관계를 맺습니다.[79]

제가 예배 담당 목사로 섬기던 교회에서 저는 매주 함께 모여 저녁 식사를 하고 교제하며 기도하는 소그룹에 소속되어 있었습니다. 저녁은 아이들이 놀고 있는 뒷마당에 가족들이 모이는 것으로 시작되었습니다. 이 시간은 한 주 동안의 활동을 정리하는 시간으로 항상 즐거운 시간이었습니다. 모두가 도착하면 함께 식사를 나누었습니다. 저녁 식사가 끝나면 거실에 모여 함께 기도하고, 웃고, 때로는 울기도 했습니다. 대부분은 그 교회를 떠났지만, 우리 중 많은 사람들이 지금까지도 매우 친하게 지내고 있습니다. 가정 예배에 참여하면서 강한 유대감이 형성되었습니다.

가정 예배 모임에서 형성된 깊은 대인 관계는 그리스도의 몸 된 교회에 매우 귀중한 것입니다. 이 모임은 교회가 기존 예배 모임과는 다른 관계로 서로 힘이 될 수 있습니다. 가정 예배 모임 안에서 우정은 실제적이고 투명한 관계로 발전합니다. 그룹이 서로에 대한 성경적 사랑을 실천하면서 친구는 가족이 됩니다. 이 예배 모임은 서로 사랑하고, 서로에게 헌신하고, 서로를 받아들이고, 서로를 섬기는 등 신약성경에서 발견되는 '서로 하나됨'을 실천할 수 있는 완벽한 기회를 제공합니다.

이 예배 모임이 발전하는 데 도움이 되는 중요한 '또 다른 하나'는 서로를 위해 깊이 기도할 수 있는 기회입니다.

저는 교회의 예배 담당 목사로서 예배 사역의 구성원들과 회중을 영적으로 이끌고 인도하는 것이 제 소명입니다. 저는 모든 예배팀 리허설이 시작될 때마다 팀을 모아 기도의 시간을 갖습니다. 우리는 서로의 기도 제목을 나누고 돌아가며 서로를 위해 기도합니다. 팀은 영적으로 함께 성장하면서 개인적인 깊은 기도 제목을 나누기 시작했습니다. 예배팀은 한 가족이 되어 서로의 가장 깊은 필요와 어려움, 소망까지도 기꺼이 나누게 되었습니다. 대규모 그룹에서는 서로 섞여 길을 잃기 쉽지만, 소그룹에서는 그렇지 않습니다. 가정 예배 모임에서는 아무도 그냥 지나치지 않습니다.

최종적인 가정 예배 모임의 주된 목적은 그룹 내 대인 관계를 깊게 하고, 책임감과 제자도를 통해 서로를 격려하며 그리스도를 닮아 가도록 하는 것입니다.

12.
회중 예배 모임

> "의식하면서 발걸음을 세어야 하는 한, 아직 춤을 추는 것이 아니라 춤을 배우는 것일 뿐입니다. 좋은 신발은 눈치채지 않아도 되는 신발입니다. 좋은 독서는 눈, 빛, 글씨, 맞춤법에 대해 의식적으로 생각할 필요가 없을 때 가능해집니다. 완벽한 교회 예배는 우리가 거의 의식하지 못하는 예배이며, 우리의 관심은 하나님께 집중되어 있습니다."
>
> C. S. 루이스(Lewis)

회중 예배는 예배자들의 모임을 생각할 때 가장 자주 거론되는 형태입니다. 이 모임 안에서 8장의 공동체적 예배의 실천이 이루어집니다. 이것이 바로 주중, 주야간 공예배의 경험입니다. 하나님께서 자신에 대해 계시하신 모든 것에 응답하기 위해 다른 사람들과 함께 모이는 정기적인 일과입니다. 이는 배우자에게 매일 사랑한다고 말하는 것과 매우 유사합니다. 물론 어제 말했으니 배우자는 기억해야겠지만, 연애를 오래 해본 사람이라면 서로를 정기적으로 인정하는 것이 관계를 유지하고 건강과 활력을 불어넣는다는 사실을 알고 있을 것입니다. 매주 예배를 위해 모이는 회중은 수년간의 신실함, 경험 공유, 때로는 갈등을 통해 강화된 그리스도의 몸 안에서의 유대를 더욱 깊게 합니다. 여기 히엘레마(Hielema)의 글을 함께 나눕니다,

> "모든 연령대의 예배자들은 집중하거나 집중하지 않고, 기대하거나 기대

하지 않는 다양한 마음가짐으로 모입니다. 왼쪽에는 우리가 사랑하는 오랜 친구가 앉아 있고, 오른쪽 뒤에는 지난 주 위원회 회의에서 격렬하게 논쟁했던 청년이 있습니다."[80]

이것이 바로 회중 예배의 아름다움입니다. 그리스도의 몸이 드리는 예배입니다.

> "사도 바울은 그리스도의 몸을 동질적인 방식이 아니라 노인과 젊은이(딛 2:2-6), 부자와 가난한 자(고전 11:21-22), 다양한 은사(고전 12:4), 인종, 성별, 신분이 혼합된(갈 3:28, 고전 12:13) 것으로 묘사했습니다. 교회 구성원을 줄이거나 표적으로 삼아, 일을 단순화하려는 유혹이 있지만, 바울은 동질성(동일성)이 오히려 그리스도의 몸을 불구로 만든다고 말합니다(고전 12:19). 반면에 일치는 하나님의 진리와 사랑을 모두 확인시켜 줍니다. 다양성 속의 일치는 그리스도의 방식입니다. 따라서 외부인들은 발레리나, 펑크족 십대, 뇌수술 의사, 관리인이 모두 함께 예배하는 모습을 보고 진짜 예수님과 그분의 사람들에 대한 사랑을 확신하게 됩니다. 그들은 초자연적인 일이 일어나고 있음을 알고 있습니다."[81]

예수님은 모든 사람을 사랑하시며 그들이 영과 진리로 예배하기를 원하십니다(요 4:24).

예배는 형식에 관한 것입니다

예배는 형식이 중요하지 않다는 말을 들어 보셨을 것입니다. 그 말의 기본 정서와 목적은 이해하지만, 더 넓은 관점에서 보면 동의할 수 없습니다. 예배는 형식에 관한 것입니다. 우리가 다면적인 하나님께 다문화 예배를 드리려면 예배에는 다양한 문화적 형식이 포함되어야 하며, 이 모든 것이 함께 하나님께 영광을 돌려야 합니다.

모든 예배자는 다릅니다. 교회에 모여 위대하신 하나님을 예배할 때 우리는 다양한 연령, 인종, 심지어 문화를 가진 사람들이 모이는 것을 발견합니다. 문화는 특정 사회, 민족 또는 연령대의 특징적인 행동과 신념으로 명확하게 정의할 수 있습니다. 여기서는 다문화와 다민족이라는 용어를 구분하여 사용하겠습니다. 문화는 민족과 연관될 수 있지만 민족이 항상 문화를 요구하는 것은 아닙니다. 예를 들어, 텍사스에서 자란 아프리카계 미국인이 컨트리 음악을 좋아하고 카우보이 모자와 부츠를 신으면서 자랐거나 디트로이트 다운타운에서 자란 백인 영미인이 모타운[82], 랩, 힙합 음악을 좋아하도록 자랐을 수 있습니다. 저는 미국 인류학적 관점에서 '문화'라는 용어를 살펴보고, 인종에 관계없이 사람들이 자신의 경험과 행동을 분류하고 표현하는 뚜렷한 방식을 살펴볼 것입니다.

● **다문화 예배**

예수님이 특정한 문화 환경에서 태어나신 것처럼 모든 기독교인은 특정한 문화적 관점에서 예배를 드립니다. 교회가 예배를 위해 모일 때 예배자의 경험과 행동이 함께합니다. 라틴어 속담에 '렉스 오란디, 렉스 크레덴디(lex orandi, lex credendi)'라는 말이 있는데, 이를 적용하면 "우리가 예배하는 방식이 곧 우리가 믿는 방식"이라는 뜻이 됩니다. 우리의 예배는 우리의 믿음과 경험에 의해 형성됩니다. 그리고 우리의 믿음은 예배에 의해 형성됩니다.

음악적 예배에 있어서 문화는 우리의 음악적 선호도에 중요한 역할을 합니다. 클래식 음악을 듣고 자랐다면 예배 선호도는 클래식 예배로 기울어질 것입니다. 현대 팝을 들으며 자랐다면 찬양의 후렴구에 귀를 기울일 것입니다. 전통 찬송가를 소중히 여기는 가정에서 자랐다면 예배 모임에서도 같은 찬송가를 부르기를 원할 것입니다. 우리의 문화적 성향을 의식하지 않더라도, 말하자면 고무(rubber)와 도로(road)가 만나면[83] 우리는 익숙한 것을 다시 듣게 됩니다.

제 아들이 척추 수술을 받았을 때가 기억납니다. 생후 18개월에 불과했던 아들은 선천성 척추측만증으로 교정 수술이 필요했습니다. 수술 후 며칠 동안 아내와 저는 아들이 회복하는 동안 병상 옆에 앉아 있었습니다. 저는 그의 머리맡에 앉아 그의 머리를 쓰다듬으며 1980년대 초에 나온 성경 노래인 '목마른 사슴(As the Deer)'[84]을 부드럽게 불러주곤 했습니다. 저는 전통 찬송가와 찬양의 합창곡을 들으며 자랐습니다. 아들을 치유해 달라고 하나님께 부르짖으며 앉아 있을 때, 제 마음의 노래는 제 문화와 뗄 수 없이 연결되어 있었습니다.

앞서 명확하게 정의했듯이, 예배는 하나님께서 당신을 드러내시는 방식에 대한 우리의 응답입니다. 하나님은 당신이 어떤 분인지 보여주고 말씀하시고, 인간은 예배라는 행위로 응답합니다. 예배자들은 문화적으로 매우 다르기 때문에 우리의 반응, 즉 예배 행위도 다를 것입니다. 그렇다면 어떻게 다문화에 초점을 맞춰 예배를 인도할 수 있을까요? 예배 안에서 다양한 문화 간의 진정성을 어떻게 장려할 수 있을까요? 저는 융합 예배에 답이 있다고 생각합니다.

● 융합(Convergence) 예배

융합 예배는 현대 예배자에게 적합한 방식으로 나타난 지역 전통을 반영하는 방식으로 하나님을 찬양하는 것입니다. 콘스탄스 체리(Constance Cherry)가 그녀의 저서 '예배 건축가(The Worship Architect)'에서 명확하게 정의한 것처럼 말입니다.

> "융합 예배는 예배의 모든 수준에서 역사적인 것과 현대적인 것을 결합하여 예배자들이 하나님의 임재에 참여할 수 있는 최대한의 기회를 창출하는 것입니다."[85]

하나님이 어제나 오늘이나 영원토록 동일하시듯, 우리 예배는 다양한 문화권의 예배자들이 드리는 동시에 현대적 타당성을 유지하면서 전통을 반영하는 것이어야 합니다.

융합 예배는 '혼합(blended) 예배'라고 불리는 것과는 다릅니다. 혼합 예배는 찬송가 두 곡, 찬양의 합창 두 곡 등 할당량을 채우기 위해 시도하는 예배입니다. 그것은 사람들을 행복하게 하기 위해 기본을 지키기 위한 목록입니다. 반면 융합 예배는 형식에 관계없이 회중이 하나님을 만날 수 있는 특별한 기회를 제공하는 예배 요소를 통해 하나님께 영광을 돌리려고 시도합니다.[86]

회중이 하나님께 진정한 예배를 드리기 위해서는 그들에게 자연스럽게 다가오는 형식으로 그분의 계시에 응답할 수 있어야 합니다. 그러나 예배에 대한 공동의 이해가 있어야 하며 회중은 다른 문화와 다른 형식을 가진 형제자매들과 함께 하나님을 영화롭게 하는 데 동참하도록 격려해야 합니다.

● 다민족 예배

　다민족 예배는 참된 예배를 드리는 데 있어서도 매우 중요합니다. 몇 년 전 저는 러시아 모스크바 외곽의 한 도시에 있는 교회에서 예배를 드린 적이 있습니다. 예배당에는 하나님을 예배하기 위해 기쁨에 찬 예배자들로 가득 차 있었습니다. 설교가 끝난 후 회중들은 찬송을 부르기 시작했습니다. 저는 그들이 부르는 가사는 낯설었지만, 찬송가 곡조는 알아들을 수 있었습니다.[87] 저와 제 팀은 그들이 러시아어로 부르는 동안 영어로 찬송을 부르기 시작했습니다. 우리는 함께 목소리를 높이며 같은 노래를 동시에 다른 언어로 불렀습니다. 그 순간 저는 천국에 가면 이런 모습일 것이라고 생각했습니다.

　천국은 모든 족속과 나라, 방언에서 구원받은 예배자들이 함께 모여 하나님을 예배하는 멋진 모임이 될 것입니다(계 7:9 참조). 우리가 모두 다른 언어로 찬양할지 아니면 하나의 하늘 언어가 있을지는 모르겠지만, 언어가 무엇이든 우리는 서로를 이해하고 함께 연합하여 예배할 것이라고 믿습니다. 이것이 우리가 기대해야 할 일이라면, 그리고 저는 그날을 고대하고 있기에 이 땅에서 익숙해지는 것보다 낫다고 생각합니다. 그렇기 때문에 저는 다민족 예배를 굳게 신뢰합니다.

　다민족 예배는 최종적으로 다양한 사람들의 다양한 방식을 활용함으로써 그리스도의 몸 안에서 하나가 되도록 격려합니다. 우리의 공통점인 그리스도의 보혈을 통한 구속이 우리의 모든 차이점보다 더 크기 때문에 우리는 차이점 속에서 하나됨을 발견할 수 있습니다.

성경 곳곳에는 하나님께서 우리의 예배가 다민족 예배가 되기를 원하신다는 증거가 있습니다. 요한계시록에는 하늘에서 다민족 예배의 이미지를 보여주고 있으며, 예수님이 우물가에서 혼혈 여인과 대화하면서 예배에 대한 선입견을 깨뜨리는 모습(요 4장)과 제자들에게 모든 민족의 사람들과 구원의 이야기를 나누라는 지시(마 28:19), 그리고 오순절에 모든 믿는 이들을 예배로 모으시는 하나님의 모습(행 2장)을 볼 수 있습니다.

오순절은 인종, 국가, 언어의 장벽을 뛰어넘어 성령 안에서 하나됨을 상징합니다. 하나님 나라는 오순절의 은혜로 공고해졌으며, 일찍부터 학자들은 이를 바벨의 저주에 대한 하나님의 의도적이고 극적인 반전으로 보았습니다. 바벨에서는 인간의 언어가 혼란스러워지고 민족이 흩어졌습니다. 오순절 예루살렘에서 언어 장벽을 허무는 초자연적인 힘이 나라와 사람들을 다시 하나로 모으는 역사가 일어났습니다. 바벨에서는 사람들이 스스로 일어나려고 했지만, 하나님께서 그들을 끌어내리셨고, 오순절에는 하나님께서 내려오셔서 사람들을 일으켜 세우셨습니다.

하나님은 자신이 창조하신 모든 민족이 당신을 예배하기 원하십니다.

> "주여 신들 중에 주와 같은 자 없사오며 주의 행하심과 같은 일도 없나이다 주여 주께서 지으신 모든 민족이 와서 주의 앞에 경배하며 주의 이름에 영광을 돌리리이다"(시 86:8-9)

하나님은 열방이 예배하기를 원하실 뿐만 아니라, 보좌 앞에 모여 함께 예배하며 당신의 이름을 영화롭게 하는 것이 계획입니다.

다양한 민족의 사람들로 가득 찬 회중과 함께 예배드릴 때, 우리는 천국에서의 예배가 어떤 모습일지 엿볼 수 있습니다. 모든 족속과 나라와 방언이 보좌 주위에 모여 "거룩하다, 거룩하다, 거룩하다, 전능하신 주 하나님, 어린 양은 찬양받기에 합당하도다!" 우리는 앉아서 그날을 기다릴 수도 있고, 지금 시작할 수도 있습니다.

● 다세대 예배

우리의 교회는 다양한 문화와 민족뿐 아니라 다양한 연령대의 사람들로 채워져야 합니다. 주일 아침 예배당을 둘러볼 때 주변 지역 사회에서 온 사람들로 객석이 가득 차 있어야 합니다. 우리 중 많은 사람들이 한 민족으로만 구성된 지역 사회에 살지 않기 때문에 교회는 지역 사회 내의 다양한 사람들을 반영해야 합니다. 여기에는 여러 세대에 걸쳐 다양한 연령대의 사람들이 포함됩니다.

손자와 함께 예배하는 조부모, 자녀와 함께 예배하는 부모, 조카와 함께 예배하는 이모와 삼촌, 모든 연령대의 친구들이 한마음으로 마음을 모아 예배하는 등 모든 연령대의 예배자로 예배가 채워질 때 주님이 기뻐하신다고 믿습니다.

저는 주로 같은 연령대의 예배자들이 모이는 예배 경험에 힘이 있다는 것을 알고 있습니다. 예를 들어, 고등학교 여름 캠프의 예배는 매우 특별한 시간이 될 수 있고, 젊은 부부 수련회에서의 예배는 오래도록 기억에 남을 수 있습니다. 저는 이러한 시간들이 하나님께 참된 예배를 드리는 데 무가치하거나 효과적이지 않다고 말하는 것이 아닙니다. 제가 말씀드리고 싶은 것은 매주 주일 아침마다 정기적으로 모이는 공예배 시간이 다양한 세대의 사람들로 구성되어야 한다는 것입니다.

다음은 공예배 모임에 모든 연령대의 예배자가 포함되어야 하는 다섯 가지 이유입니다.

성경적 이유입니다

성경을 보면 모든 연령대의 사람들이 함께 모여 하나님을 예배하는 것을 볼 수 있습니다. 여호수아가 하나님과의 언약을 갱신할 때 모든 연령대가 함께 경청했습니다(수 8:35). 예수님께서는 어린이들을 가까이 모으셨고 그들과 주변의 어른들은 예수님의 말씀을 들었습니다(마 19:13~15). 오순절은 요엘이 예언한 대로 아들과 딸들이 예언하고 노인들이 꿈을 꾸는 것으로 나타났습니다(욜 2:28-29, 행 2:14-41). 성경에서 하나님의 사람들은 항상 모든 연령대를 예배에 포함시켰습니다.

보편적입니다

여러 세대가 함께 예배에 참여할 때, 우리는 시간을 초월하는 예배를 드리게 됩니다. 젊은 세대의 경우, 우리는 우리보다 더 오래 구원의 노래를 불러온 이들과 함께 목소리를 높입니다. 기성 세대를 위해 우리는 이 땅에서 부름을 받은 후에도 오랫동안 그 노래를 부를 목소리와 함께 합니다. 오랜 세월을 지나오면서 하나님께 영광을 돌리는 전통의 일부가 된 것이 얼마나 영광스러운 일입니까?

역사 속에서 하나님께서 행하신 일들을 기억하는 것은 좋은 일입니다. 하나님께서 우리를 위해, 그리고 모든 역사를 통해 행하신 모든 일을 기억하지 않는 것은 위험합니다. 최근에 미국의 주(state)에 관한 텔레비전 프로그램을 보고 있었습니다. 역사가가 진행자에게 특정 주에는 '역사적 기억상실증'이 있다고 말했습니다. 사람들이 그 주의 역사를 잊어버렸고 그것이 현재 그들이 살아가는 방식에 영향을 미쳤다는 것입니다. 그 말을 듣고 많은 생각을 하게 되었습니다. 교회도 비슷한 문제가 있을 수 있다고 생각합니다. 교회는 역사적 기억상실증이 있습니다.

하나님께서 우리를 위해 행하신 모든 일과 모든 역사를 기억하지 못하는 것은 위험합니다. 느헤미야 9장 16-17절에 "그들과 우리 조상들이 교만하고 목을 굳게 하여 주의 명령을 듣지 아니하고 거역하며 주께서 그들 가운데에서 행하신 기사를 기억하지 아니하고 목을 굳게 하며 패역하여 스스로 한 우두머리를 세우고 종 되었던 땅으로 돌아가고자 하였나이다 그러나 주께서는 용서하시는 하나님이시라 은혜로우시며 긍휼히 여기시며 더디 노하시며 인자가 풍부하시므로 그들을 버리지 아니하셨나이다"라고 기록되어 있습니다. 우리는 과거의 예배가 현재의 예배와 연결되어 있다는 것을 이해해야 합니다. 하나님은 신실하시고 그분의 은혜가 풍성하지만, 우리의 예배는 하나님의 전능하신 역사를 기억할 때 가장 강력한 힘을 발휘합니다.

예배 인도자 타미 워커(Tommy Walker)가 작곡한 현대 찬양곡 '우리는 기억하리라(We Will Remember)'[88]는 예배자들이 우리 삶에서 그리스도의 행적을 기억하고 그에 따라 그분을 찬양의 대상으로 삼도록 독려합니다. "우리는 주의 손의 일을 기억하리, 주의 신실하심이 크시니 멈추어 주께 찬양의 드리리", "나는 아직도 당신이 나를 구원하신

날, 당신이 내 이름을 부르던 날, 당신이 나를 사랑하고 결코 떠나지 않겠다고 말씀하셨던 날을 기억합니다"[89]와 같은 가사들은 역사적으로나 개인적으로 하나님의 구원 행적을 기억하는 것이 중요하다는 것을 일깨워줍니다. "할렐루야, 할렐루야, 모든 복이 흘러나오는 이에게, 할렐루야, 할렐루야, 영광을 나타내신 이에게"[90]라는 곡의 브리지 부분 가사는 하나님이 행하신 모든 일을 기억하는 것이 찬양의 시작임을 다시 한 번 강조합니다.

교육적입니다

다세대 예배는 예배자들이 서로에게서 배울 수 있는 기회를 제공합니다. 우리는 한 세대에서 다음 세대로 전해져 내려오는 찬양의 노래를 배웁니다. 또한 새로운 세대의 예배자들로부터 새로운 형태의 예 배를 배울 수 있는 기회도 있습니다. 우리가 부르는 찬양, 우리가 기도하는 기도, 설교에서 우리에게 들려주는 말씀은 나이에 상관없이 모두 하나님과 우리 삶에 대한 그분의 부르심에 대해 가르쳐 줍니다.

진정성입니다

우리와 다른 연령대의 사람들과 함께 예배할 때 우리는 그리스도의 몸에 대해 더 정확한 그림을 얻게 됩니다. 사도 바울은 신자들을 그리스도의 몸, 즉 나이 든 지체와 젊은 지체로 구성된 몸이라고 부릅니다. 몸의 각 지체는 똑같이 중요합니다. 우리가 함께 예배할 때 우리는 건강한 몸으로 예배하게 됩니다.

사도 바울은 교회를 '하나님의 가족'이라고 불렀고, 가족에는 다양한 연령대의 사람들이 포함됩니다. 교회가 포용적인 예배를 준비하지 않는 한, 연령대의 양쪽 끝에 있는 사람들은 소외감을 느끼게 됩니다.

적용 가능합니다

진리는 상대적인 것이 아니며 시대에 따라 변하지 않습니다. 하나님의 말씀은 시대를 초월하며 모든 연령대에 적용됩니다. 천 년 전이나 지금이나 진리는 변하지 않으며, 앞으로도 변하지 않을 것입니다. 우리는 성경을 통해 하나님의 사람들이 하나님께서 그들을 위해 행하신 모든 일을 잊었을 때 심각한 문제에 빠지기 시작했음을 알 수 있습니다. 예레미야, 에스겔, 호세아 등 구약의 예언서만 살펴보아도 그 예를 확인할 수 있습니다. 예수 그리스도가 길이요, 진리요, 생명이라는 사실은 결코 변하지 않을 것이며, 우리는 그 진리를 기억할 뿐만 아니라 후손들에게도 전해야 합니다. "대대로 주께서 행하시는 일을 크게 찬양하며 주의 능한 일을 선포하리로다"(시 145:4)

다세대 예배는 하나님께서 기뻐하시는 방식으로 예배할 수 있는 기회를 만듭니다. 제 바람은 하나님께서 교회를 보시는 것처럼 모든 연령, 인종, 문화가 함께 모여 그분의 이름에 합당한 영광을 드리는 것입니다.

요약하면, 회중 예배 모임의 주 목적은 우리가 그리스도의 몸으로 함께 모일 때 하나님께서 당신에 대해 계시하신 모든 것에 응답하는 것입니다.

13.
축제 예배 모임

> 느껴보시고, 만져보고, 바라보십시오.
> 주님이 얼마나 은혜로우신지,
> 맛보고, 듣고, 냄새 맡고, 느끼고, 보십시오.
> 주님이 얼마나 은혜로우신지,
> 　　　　　　마들렌 랭글(Madeleine L'Engle)

　축제 예배는 회중 예배와 가장 자주 혼동되는 모임의 유형입니다. 저는 이를 '행사 예배'라고 부르기도 합니다. 캠프, 컨퍼런스, 콘서트에서 볼 수 있는 예배입니다. 회중 예배가 매일 배우자에게 사랑한다고 말하는 것이라면, 축제 예배는 1년에 한 번, 특별한 기념일을 기념하는 저녁 식사를 하는 것입니다. 정기적이고 일관된 축하 시간을 갖는 것도 중요하지만, 활력이 매우 넘치고 기쁨이 넘치는 축하 예배를 갖는 것도 그에 못지않게 중요합니다.

　클락(Clark)이 축제 예배 모임에 대해 설명합니다,

"… 전국적인 유명 인사들이 연예인 지위를 누리고 있었습니다. 행사에 참석한 대다수는 서로를 알지 못했지만, 이와 같은 모임의 특징인 높은 열기와 높은 활력을 공유했을 가능성이 높았으며, 모든 것이 끝난 후에도 실제로 그런 분위기와 감동을 모두 함께 느꼈을 것입니다 … 그러한 모임에서, 대부분 모인 사람들은, 서로가 낯설기 때문에 관계적인 부담이 거의 없습니다.

참가자들은 유명인 지도자를 명성으로 이미 알고 있기 때문에, 모인 군중의 기대와 열기가 더해져 각 참석자에게도 영향을 미칩니다."⁹¹

이러한 유형의 예배 경험은 공연의 요소 없이는 유지하기 어렵습니다. 행사의 공연 수준은 이 모임에서 매우 중요합니다. 또한, 행사장에서의 공연은 정말 중요한 모임의 요소입니다. 청중이 행사장에서 일어나는 공연에 완전히 몰입하지 않으면 아티스트의 공연에 영향을 미치지 않습니다. 물론 관객이 참여하면 공연장에 열기가 더해지므로 더 좋겠지만, 그렇다고 해서 무대 위에서 일어나는 공연에 영향을 미치지는 않습니다.

축제 예배 모임의 지도자들이 일반적으로 '청중'을 잘 모른다는 사실 때문에 이러한 행사 방식은 더 심해집니다. 게다가 모인 예배자들은 서로를 잘 알지 못합니다. 다양한 배경과 상황에 처한 사람들이 하나님을 예배하기 위해 모였다가 다시 만날 가능성도 없이 흩어지는 특별한 행사입니다.

축제 예배는 특정 인구 통계를 염두에 두고 기획합니다. '프라미스 키퍼(Promise Keepers)' 행사 예배는 남성을 위해, '믿음의 여성(Women of Faith)' 예배는 여성을 위해, 고등학교 여름 캠프에서 계획된 예배는 16세 청소년을 염두에 두고 기획합니다. 고등학생들이 캠프에서 돌아와 교회 예배가 캠프 예배와 비슷했으면 좋겠다고 말하는 것은 당연한 일입니다. 캠프에서는 예배가 특별히 그들을 위해 준비되었습니다. 그러나 교회에서는 다양한 문화, 인종, 연령대의 사람들을 포함하는 회중을 위해 예배를 준비해야 합니다. 여름 캠프에서 고등학생들은 다른 고등학생들과 함께 예배를 드립니다. 그러나 교회에서는 같은 학생들이 할머니와 할아버지, 엄마와 아빠, 남동생, 여동생과 함께 예배를 드려야 합니다. 예배 모임의 모습과 느낌은 달라질 것입니다. 또 그래야만 합니다.

저는 정기적으로 예배 컨퍼런스에서 가르치고 있습니다. 많은 컨퍼런스에서 워크숍 세션을 가르친 후 참석자들이 저에게 다가와서 컨퍼런스에 참석하는 동안 얼마나 좌절했는지, 심지어 우울하다는 표현까지 사용하며 이야기하는 경우가 있습니다. 그들이 그렇게 느끼는 이유는 컨퍼런스 기간 동안 매일 아침과 저녁에 전문 예배 아티스트[92]가 예배를 인도하는데, 이 사람들이 저에게 와서 "나는 절대 그런 예배를 인도할 수 없다" 또는 "나는 그런 일을 할 수 있는 사람이나 예산이 없다"고 말하기 때문입니다. 제 대답은 항상 똑같습니다. "그럴 필요가 없습니다." 예배 컨퍼런스는 축제 예배 모임입니다. 우리의 주일 아침 예배는 회중 모임입니다. 축제 예배 모임에서 인도하는 예배는 회중 모임에서 인도하는 예배와는 그 주 목적이 같지 않기 때문에 달라야 합니다. 회중 모임은 함께 하나가 되는 예배를 추구하지만, 축제 모임의 주 목적은 개인적이고 삶의 예배를 장려하는 것입니다.

한 형식의 예배 모임이 다른 종류의 예배 모임으로 기대치가 넘어갈 때 혼란이 발생한다고 생각합니다. 각 모임은 개인의 예배 생활에 정당한 기여를 하지만, 한 가지 형식의 예배를 다른 종류의 예배와 착각해서는 안 됩니다. 회중 모임에서의 예배 경험은 축제 모임에서의 예배 경험과는 다를 수 있습니다.

14.
예배 인도: 예배 지도자의 소명

"몸이 하나요 성령도 한 분이시니 이와 같이 너희가 부르심의 한 소망 안에서 부르심을 받았느니라 주도 한 분이시요 믿음도 하나요 세례도 하나요 하나님도 한 분이시니 곧 만유의 아버지시라 만유 위에 계시고 만유를 통일하시고 만유 가운데 계시도다"(엡 4:4-6)

예배 지도자로 부름받은 모든 사람이 같은 방식으로 봉사하도록 부름받은 것은 아닙니다. 예배의 영역에서 봉사하는 데에는 다양한 역할이 있습니다. 각 역할은 다르지만 구체적입니다. 역할의 주된 초점이 무엇인지, 역할을 수행하기 위한 접근 방식은 구체적으로 어떤 방식으로 이루어지느냐에 따라 차이가 있습니다.

'예배 인도자(Worship Leader)'는 예배 지도자의 직책 중 가장 일반적으로 사용됩니다. 대부분의 사람들은 사람들 앞에 서서 노래를 부르거나 예배 음악을 연주하면 '예배 인도자'라고 생각하지만, 사실 예배 지도자에는 다양한 역할이 있습니다. '예배 지도자(worship Leadership)'로 부르심을 받았다고 해서 모두 '예배 인도자(Worship Leader)'의 역할로 부름받는 것은 아닙니다. 어떻게 봉사하고 어떤 역할을 맡을지는 주님으로부터 받은 부르심에 따라 결정됩니다. 잠시 시간을 내어 소명에 대해 생각해 봅시다.

소명이라는 단어는 '부르다(to call)' 또는 '소환하다(to summon)'라는 뜻을 가진 라틴어 '보카레(vocare)'에서 유래했습니다. '소명'에 대한 신약성경의 언급은 분명합니다. 영어 성경에서 '교회'로 번역되는 '에클레시아(ecclesia)'는 '부르심(call out)'을 의미합니다. 그리스도를 따르는 사람들은 하나님을 예배하고 다른 사람들을 섬기기 위해 세상으로부터 부름 받았습니다.

대부분의 기독교인은 하나님께서 시작하신 두 가지 부르심을 '일반적 소명'과 '특별한 소명'으로 구분합니다. 일반적 소명은 그리스도의 구원에 응답한 모든 사람에게 다른 사람을 섬기고 세상에서 그리스도의 존재가 되라는 것입니다. 우리 모두는 "그러므로 너희는 가서 모든 민족을 제자로 삼아 … "(마 28:19), "네 마음을 다하고 목숨을 다하고 뜻을 다하고 힘을 다하여 주 너의 하나님을 사랑하라 하신 것이요"(막 12:30), "둘째는 이것이니 네 이웃을 네 자신과 같이 사랑하라 하신 것이라 이보다 더 큰 계명이 없느니라"(막 12:31)는 소명을 받았습니다.

일반적인 소명을 완수하기 위해 개인에게 구체적인 소명이 주어집니다. 우리 각자는 주변의 다른 사람들과는 다른 구체적인 소명을 받았습니다. 모든 사람은 이 세상에서 구체적인 방식으로 하나님의 목적을 이루기 위해 부르심을 받았습니다. 각 소명은 개인마다 고유합니다. 구체적인 소명에는 예배 사역, 환대, 선교 등 여러 가지가 포함될 수 있습니다.

사역에 대한 부르심은 각 개인이 하나님과 개인적인 방식으로 관계를 맺기 때문에 다양한 방식으로 경험할 수 있습니다. 소명은 극적이거나 장기적인 것일 수도 있고, 단순히 하나님께서 특별한 방식으로 자신에게 은사를 주셨다는 것을 깨닫고 그것을 하나님의 영광을 위해 사용해야 한다는 깨달음에서 비롯될 수도 있습니다.

● 극적인 소명

다메섹 도상에서 사도 바울이 그랬던 것처럼 사역에 대한 소명은 극적일 수 있습니다. 바울이 회심하기 전, 그는 교회를 심하게 핍박했습니다.

> "내가 이전에 유대교에 있을 때에 행한 일을 너희가 들었거니와 하나님의 교회를 심히 박해하여 멸하고"(갈 1:13)

그러나 바울이 다메섹으로 여행하는 동안 그의 인생에 극적인 사건이 일어났습니다. 당시 이름이 사울이었던 바울은 부활하신 그리스도를 만났습니다. 사울은 그리스도를 따르는 사람들을 체포하여 예루살렘으로 데려가 심문하고 처형할 생각이었습니다. 그러나 그가 다메섹을 향해 먼지가 자욱한 길을 걷고 있을 때 예수님의 음성이 시공간을 뛰어넘어 들려왔습니다. 바리새인의 일원으로 예수 그리스도를 따르는 사람들을 핍박하던 사울은 예수님과 직접 대면하게 되었습니다. 길에 있던 모든 사람들이 그 음성을 듣고 눈부신 빛에 깜짝 놀랐습니다. 빛이 너무 밝고 음성이 너무 강력해서 사울은 무릎을 꿇을 수밖에 없었습니다. 사울은 이 경험으로 눈이 멀었고, 함께 길을 가던 다른 사람들이 사울의 손을 잡고 다메섹으로 데려가 하나님의 추가 지시를 기다렸습니다. 바울로 이름을 바꾼 것은 말할 것도 없습니다.

그때부터 바울은 예수 그리스도를 따르는 제자이자 지극히 높으신 하나님을 강력하게 증거하는 사람이 되었습니다. 이것은 분명 극적인 회심이었습니다.

● 장기적인 소명

사역으로의 소명은 일정 기간 동안 경험과 준비를 통해 하나님의 부르심을 따라가는 장기적인 과정일 수도 있습니다. 이것이 바로 하나님께서 저를 사역으로 부르신 방식입니다.

저는 교회에 다니며 자랐습니다. 형과 함께 동네를 한 바퀴 도는 주일학교 버스를 타면서 제 신앙은 시작되었습니다. 버스는 매주 일요일 아침과 수요일 저녁에 우리를 교회로 데려다 주었습니다. 결국 부모님도 교회에 다니기 시작했고 그때부터 우리는 가족이 함께 정기적으로 교회에 출석했습니다. 교회에서 자라면서 저는 정기적으로 사역에 참여했습니다. 교회 찬양대에서 노래를 부르고, 성경 공부에 참석하고, 청년부 예배를 인도하고, 지도자 그룹에 참여하는 등의 활동을 했습니다. 이 모든 것이 제게 사역의 소명을 위한 기초와 준비였습니다.

저는 자라면서 공립학교에 다녔습니다. 제가 살던 지역의 교육청에는 고급 학습을 위한 학과가 있었습니다. 저는 해양 과학에 관심이 많았기 때문에 해양 과학과가 있는 지역 고등학교에 진학하기로 결정했습니다. 해양 과학과 학생들은 일반 교육 요건 외에도 해양 생물학 및 해양학 수업을 들었습니다. 태평양과 매우 가까웠기 때문에(사실 몇 블록만 가면 됩니다), 정기적으로 태평양으로 현장학습을 나가서 직접 연구하고 수중 다이빙 경험을 쌓을 수 있었습니다. 훌륭한 학과였으며 당시 저는 해양 과학을 직업으로 삼을 것이라고 확신했습니다. 하지만 하하나님은 제 인생에 다른 계획을 가지고 계셨습니다.

고등학교 시절에는 일반 교양과 해양 과학 수업 외에도 합창단과 오케스트라에 참여했고 크로스컨트리와 육상도 했습니다. 돌이켜보면 도대체 어떻게 그 모든 것을 다 했는지 모르겠습니다. 고등학교를 졸업한 후 저는 지역 단과대학(커뮤니티 칼리지)에 진학했습니다. 그 대학의 합창단에서 노래를 부르고 개인 성악 레슨을 받기 시작했습니다. 이 대학의 일반 성악 선생님은 크리스천이었는데, 1학년 중반 수업 시간에 저에게 교회에서 일하는 것을 고려해 본 적이 있는지 물어보셨습니다.

지금 돌이켜보면 제 첫 반응은 다소 엉뚱했습니다. 앞서 언급했듯이 저는 자원봉사 음악감독이 있는 작은 교회에 다니며 자랐기에 그 선생님이 교회 전임 사역을 고려하는 것에 대해 물었을 때, 제 대답은 "실제로 사람들에게 돈을 주고 음악감독을 초청하는 교회가 있나요?"였습니다. 우리 둘은 하나님께서 저를 교회 음악과 예배 사역으로 부르시는지 아닌지 기도하기로 했습니다. 대학 1학년이 끝날 무렵, 저는 제가 해양생물학자가 될 수 없다는 것과 하나님께서 저를 사역으로 부르셨다는 것을 알았습니다.

돌이켜보면 하나님께서 수년 동안 저를 어떻게 형성해 오셨고 제 삶에 그분의 부르심을 드러내셨는지 알 수 있습니다. 그분은 저를 처음부터 계획하신 결과로 이어질 수 있는 길로 인도하셨습니다. 수년 동안 제가 받은 경험과 교육은 제 인생에 대한 그분의 소명을 이루기 위해 노력하는 데 도움이 되었습니다.

● 깨달은 소명

사역에 대한 소명은 자신에게 특정한 재능이 있고 그 재능을 하나님의 영광을 위해 사용해야 한다는 깨달음의 형태로도 나타날 수 있습니다. 세계적으로 유명한 예배 인도자이자 인테그리티 음반사(Integrity Music)의 인기 아티스트인 론 케놀리(Ron Kenoly)는 이러한 유형의 소명을 경험했습니다. 론 케놀리의 가장 인기 있는 예배 음반으로는 'Sing Out(노래하리)', 'Mourning Into Dancing(나의 슬픔을)', 'Jesus Is Alive(예수는 살아 있네)' 등이 있습니다. 예배 인도자가 되기 전에 그는 세속적인 음악가였습니다. 그는 나이트클럽에서 노래를 부르며 성공적인 경력을 쌓았고, MCA, 유나이티드 아티스트(United Artists), 워너 브라더스(Warner Brothers), A&M과 녹음 계약을 맺었습니다. 하지만 그의 성공에는 대가가 따랐고 그 대가는 결혼이었습니다. 그와 그의 아내는 파란만장한 결혼 생활을 거쳐 결국 별거에 이르렀습니다. 별거 기간 동안 아내는 기독교인이 되었고 새로운 사람이 되어 결혼 생활로 돌아왔습니다. 아내의 삶의 변화를 본, 론 케놀리 자신도 변화를 추구했습니다. 그는 그리스도 안에서 새 삶을 찾았지만, 이는 옛 삶을 버려야 한다는 것을 의미했습니다. 그리고 그리스도를 따르려면 자신의 음악적 재능을 자신보다는 하나님께 영광을 돌리는 데 사용해야 한다는 것을 알았습니다. 그래서 그는 주저 없이 확실한 성공과 수익성 높은 계약이 보장된 세속 음악 사업에서 손을 뗐습니다.

잡지 '카리스마(Charisma)'는 1982년 8월 저녁, 론 케놀리가 세속 음악계를 떠나기로 결심하고 고민하는 모습을 묘사합니다.

샌프란시스코 베이 지역의 저녁은 서늘하기로 악명이 높지만, 이번 여름 밤은 무더웠습니다. 론 케놀리는 고개를 숙이고 큰 어깨를 구부린 채 낙담한 표정으로 64번가와 밴크로프트 대로(Bancroft Boulevard) 모퉁이에 있는 작은 포스퀘어(Foursquare) 교회로 향했습니다.

텅 빈 교회에 들어선 그는 조용한 예배당 안으로 들어가 통로를 따라 내려갔습니다. '하나님은 여전히 내 음악에 관심이 있을까?' 그는 궁금해했습니다.

세속 음반사들은 그의 재능을 탐냈지만, 기독교 회사들은 그의 오디션 요청을 무시했습니다. 그의 음악 경력은 주님께 삶을 다시 바친 날 끝났을까요?

피아노 앞에 앉은 케놀리는 자신이 아는 몇 곡의 예배 찬양을 연주하기 시작했습니다. 텅 빈 교회의 빈 좌석에 둘러싸인 그는 자신의 마음속에 있던 음악을 하나님께 바쳤습니다.

'콘서트'가 끝났을 때, 눈물을 흘리며 새로운 사람이 등장했습니다. 그날 밤부터 론 케놀리는 자신이 오직 하나님 한 분만을 위해 공연하도록 부름 받았다는 것을 알았습니다.[93]

케놀리는 "1982년 여름은 제 인생에서 정말 최악이었습니다. 다시는 노래를 부르지 않는다고 해도 세속적인 음악으로 돌아갈 수는 없었습니다."[94]고 고백했습니다. 결국 주님은 론 케놀리는 캘리포니아 산호세에 있는 쥬빌리 크리스천 센터(Jubilee Christian Center)에서 예배를 인도할 수 있도록 문을 열어주셨습니다. 그의 예배 인도 방식과 딕 버날(Dick Bernal) 목사와 함께한 사역은 인테그리티 음반사에서 찬양과 예배 앨범을 녹음해달라는 요청으로 이어졌습니다.

여러분이 하나님의 부르심을 받은 상황은 론 케놀리만큼 흥미롭지 않을 수도 있지만, 그럼에도 불구하고 하나님은 여러분을 부르셨습니다. 여러분이 받은 부르심에 대해 거부감이 들 수도 있습니다. 그러나 용기를 내시기 바랍니다. 성경 전체를 살펴보십시오. 하나님께서는 종종 덜 유명하고 심지어 꺼려하는 사람들을 부르셔서 그분의 이름으로 위대한 일을 이루게 하셨습니다. 이스라엘 백성을 바로와 애굽의 손아귀에서 구출하는 데 중요한 역할을 하라는 부름을 받은 모세처럼 말입니다. 또는 양치기 소년에서 왕이 된 다윗은 '하나님의 마음에 합한 사람'이 되라는 부름을 받았습니다. 에스더는 '이런 때를 위하여' 자기 백성을 멸망과 전멸로부터 보호하라는 소명을 받았습니다. 바울은 비포장도로를 여행하던 중 소명을 받았으며, 그의 부르심은 그를 가장 위대한 복음의 증인으로 이끌었습니다. 그리고 하나님은 여러분과 저를 부르시고 계십니다.

예배 지도자로서의 부름은 결코 가볍게 여길 수 없는 특권입니다. 성경은 하나님의 부르심을 받은 지도자는 그 부르심을 어떻게 받아들이느냐에 따라 높은 수준의 책임을 지게 될 것이라고 말합니다(약 3:1, 눅 12:48, 딛 1:7-9 참조).

> "내 형제들아 너희는 선생된 우리가 더 큰 심판을 받을 줄 알고 선생이 많이 되지 말라"(약 3:1)

하나님의 사람들을 예배로 인도하는 것은 영광스러운 일이며, 예배의 지도자들은 하나님께서 원하시는 일에 충실해야 합니다.

예배 지도자로 부름받은 사람들이 가장 먼저 해야 할 질문은 다음과 같습니다. "예배 인도자, 찬양 인도자, 예배 아티스트, 예배 목사 중 하나님께서 나를 어떤 예배 지도자 역할로 부르시는가?"[95] 이러한 각 역할은 하나님께서 사람들을 부르시는 구체적인 예배 지도자 역할입니다. 그 부르심을 성공적으로 완수하기 위해서는 하나님의 부르심을 이해하는 것이 매우 중요합니다.

3부 예배 모임

4부
예배 지도자의 역할

"우리 안에 있는 모든 것이 하나님을 예배할 때까지 우리는 결코 쉬지 말아야 합니다."
A. W. 토저(Tozer)

앞으로 네 장에 걸쳐 저는 예배 인도자, 찬양 인도자, 예배 아티스트, 예배 목사라는 각각의 예배 지도자 역할을 명확하고 정확하게 구분하기 위해 일반화하여 설명하고자 합니다. 제 요점을 명확하게 전달하기 위해 각 역할에 보다 더 깊게 치우쳐서 말씀드리겠습니다. 모든 규칙에는 예외가 있으며, 주어진 상황 내에서 여러 역할을 맡고 효과적으로 역할을 전환하는 사람들도 있다는 것을 알고 있습니다. 종종 그렇듯이 양쪽의 입장을 명확히 이해한 후에 중간 지점, 즉 균형을 찾아야 합니다. 따라서 저는 앞으로 네 장에 걸쳐 각 예배 지도자 역할의 일반적인 특징과 하나님께서 각 역할에 부름받은 사람들을 어떻게 사용하실 수 있는지에 대해 설명하겠습니다.

* 다음 네 장의 마지막에는 각 예배 지도자 역할이 예배의 실제와 모임에 어떻게 연관되어 있는지, 그리고 그 역할의 주요 책임이 무엇인지 요약해 보겠습니다.

15.
예배 인도자(Worship Leader)

"너는 이같이 이스라엘 자손 중에서 레위인을 구별하라 그리하면 그들이 내게 속할 것이라
네가 그들을 정결하게 하여 요제로 드린 후에 그들이 회막에 들어가서 봉사할 것이니라"(민 8:14-15)

    예배 인도자의 주된 책임은 '회중이 하나님을 예배하도록 인도하는 것'입니다. 예배 인도자의 인도 아래 회중이 공동체 예배에서 하나님과 함께하지 않는다면 예배 인도자는 자신의 역할을 다하지 못한 것입니다. 예, 대담한 표현이라는 것을 알기 때문에 설명하겠습니다.
    먼저 예배 인도자의 주 임무는 회중이 하나님을 예배하도록 인도하는 것임을 분명히 해야 합니다. 교회가 누군가를 예배 인도자로 초청하는 것은 그 사람에게 회중 앞에 서서 그들을 인도하고 하나님의 충만함을 경험할 수 있는 곳으로 인도해 달라고 요청하는 것입니다. 예배 인도자는 연예인, 연기자, 치어리더가 아닙니다. 오늘날 복음주의 예배 지도자들 사이에서는 예배의 본이 되는 것은 일반적인 관행이지만, 그것이 예배 인도자의 역할은 아닙니다.[96] 단순히 음악을 인도하거나 다른 사람들을 예배로 인도하기 위해 최선을 다해 연주하는 것 또한 예배 인도자의 일이 아닙니다.[97] 예배 인도자의 사역은 회중이 함께 하나님의 계시에 대한 응답을 드리며 보좌로 나아갈 때 예배를 인도하는 것입니다.

잠시 시간을 내어 예배 인도자의 역할을 여행 가이드와 비교해 보겠습니다. 그랜드 캐년을 둘러보기 위해 여행 가이드를 고용했다고 상상해 보십시오. 레인저 스테이션(Ranger station)에 도착하자 가이드가 '어서 오세요'라고 인사하고는 바로 걷기 시작합니다. 따라가야 할지 망설여지지만, 이미 투어 비용을 지불했으니 따라가야 합니다. 한 걸음 한 걸음 내딛을 때마다 정말 따라가야 하는지, 아니면 뒤에 남아 있어야 하는지 확신이 서지 않아 망설이게 됩니다. 망설이며 걷다 보면 아름다운 식물과 동물 몇 마리가 뛰어다니는 것을 볼 수 있지만, 그 이름을 모르거나 안전한지조차 알 수 없습니다. 혹시 위험하거나 독이 있는 것은 아닐까요? 여행 가이드는 가끔 뒤를 돌아보며 '확인해보라'고 말하지만, 이번에도 아무 말도 하지 않습니다. 얼마 지나지 않아 목적지에 도착합니다. 여행 가이드는 걸음을 멈추고 서서 그랜드 캐년을 바라봅니다. 그들은 여러분을 등지고 아무 말도 하지 않습니다. 그들은 그저 경치를 감상하며 서 있을 뿐이며, 실제로는 이 장엄한 장소를 완전히 보지 못하도록 방해하고 있습니다.

이 사람은 훌륭한 여행 가이드가 아니라고 말할 수 있을 것 같습니다. 가이드의 책임을 적절히 이행하지 않았기 때문입니다. 그들은 자신의 일을 잘하지 못합니다. 사실, 그들은 자신의 직업 의무를 수행하지 못했습니다.

예배 인도자도 마찬가지입니다. 회중 앞에 서서 예배를 인도하고, 가끔씩 회중이 괜찮은지 확인하는 것만으로는 충분하지 않습니다. 공예배를 인도하는 것은 회중이 궁극적으로 목적지에 도착하는 여정에서 회중이 보고 듣는 것을 이해하면서 회중을 돕는 진정한 지도자가 되는 시간입니다.

예배 인도자에게는 회중이 예배를 경험하는 것이 주된 책임입니다. 회중이 예배를 드리지 않는다면 예배 인도자는 자신의 직무를 '성공적으로' 수행한 것이 아닙니다.[98] 물론, 예배 인도자가 회중을 인도하는 동안에도 회중이 예배에 참여할 수 있는 지점에 도달하는 것이 목표입니다. 예배 인도자는 회중에게 "나와 함께 여호와를 광대하시다 하며 함께 그의 이름을 높이세"(시 34:3)라고 선언해야 합니다. 이것은 여행 가이드와 매우 유사합니다. 가이드는 다른 사람들이 여행을 경험할 수 있도록 돕는 일을 해야 하지만, 이 경우에도 예배 인도자 역시 그 과정에서 아름다움과 장엄함을 즐길 수 있어야 합니다.

짐 알타이저(Jim Altizer)는 예배 인도자에 대한 훌륭한 비유를 들려줍니다.

"예배 인도자는 종려주일 당나귀와 같습니다. 종려주일 당나귀요? 맞습니다. 예배 인도자는 종려주일 당나귀와 같은 직업을 가지고 있습니다. 그의 임무는 사람들에게 예수님을 전달하는 것이었습니다. 아무도 당나귀의 훈련이나 혈통을 기억하지 못합니다. 그가 다른 귀빈을 태운 적이 있는지, 아니면 크고 튼튼해졌는지도 아무도 모릅니다. 이 당나귀는 그저 메시아를 신자들에게 전달한 후 다시 어둠 속으로 사라졌을 뿐입니다.

맞습니다. 당나귀는 축하 행사에 참석했습니다. 그는 '지극히 높은 곳에서는 호산나'라는 외침을 들었지만, 사람들이 자신을 향해 외치는 소리라고는 생각하지 못했습니다. 그는 그리스도를 위해 펼쳐진 손바닥과 망토를 밟았지만 거기서 개인적인 영광을 얻지 못했습니다. 당나귀는 무대의 중심에 서서 자신의 재능을 살려 예수님을 섬겼을 뿐 특별한 대접을 기대하지 않았습니다. 이사야가 그날 그의 임재를 예언했지만 당나귀의 이름조차 기록되어 있지 않습니다. 그는 단지 예수님을 위해 쓰임 받을 수 있고, 사용할 수 있고, 특권을 누렸을 뿐입니다!"⁹⁹

성숙한 예배 인도자는 공동체의 필요와 교회의 사명 모두에 대해 자신의 표현 방식과 안정감을 적절히 조절해야 합니다. 다시 말하지만, 예배 인도자가 무엇을 선호하는지와 어떻게 '공연'하는지가 중요한 것이 아닙니다. 예배는 회중을 위한 것이므로, 예배 인도는 회중이 하나님께 응답하도록 독려하는 방식으로 이루어져야 합니다. 따라서 예배 인도자는 예배를 표현할 수 있는 다양하고 많은 방법을 제공하고 개인적인 선호에 사로잡히지 않도록 해야 합니다.

● 세례 요한: 예배 인도자의 역할 모델

예배 인도자는 주의를 자신에게서 하나님께로 돌리기 위해 노력해야 합니다. 하나님은 예배 인도자나 팀이 아니라 예배의 대상이자 주체이십니다. 세례 요한은 "신부는 신랑의 것이다"(요 13:29)라고 말합니다. 예배 인도자 데이비드 루이스(David Ruis)는 "신부는 신랑만의 것입니다. 우리 자신에게 관심을 끌고 그리스도에게서 멀어지게 하는 것은 친구의 신부가 입장할 때 들러리가 시시덕거리는 것만큼이나 불쾌합니다."¹⁰⁰ 세례자 요한은 진정으로 주목받아야 할 분에게 관심을 돌리는 방법에 대한 모범을 제시하며 이렇게 말했습니다. "그는 흥하여야 하겠고 나는 쇠하여야 하리라 하니라"(요 3:30). 전능하신 하나님(성부, 성자, 성령)만이 찬양과 경배를 받으실 유일한 분이십니다. 예배 인도자는 회중이 신랑을 예배하도록 이끌어야 하며, 신부를 유혹해서는 안 됩니다.

● 회중 예배 인도하기

예배 인도자는 예배를 준비할 때 예배를 단순히 부르는 노래 그 이상의 것으로 봅니다. 예배 인도자는 음악 외적인 부분까지 염두에 두고 예배를 준비합니다. 예배 인도자는 노래와 노래 사이의 시간을 계획합니다. 예배에서 어떤 기도문을 사용할 것이며 어디에 배치할 것인가? 예배에서 어떤 성경 구절을 읽을 것인가? 다른 예배 요소들, 침묵, 성찬식, 세례, 멀티미디어, 춤 등이 사용되며 예배에서 언제 사용될 것인가? 예배 인도자는 찬양을 부를 때뿐만 아니라 예배의 다른 요소들을 통해 회중을 인도하기를 원합니다. 이러한 다른 요소들은 예배 인도자에게 노래만큼이나 중요합니다. 실제로 예배 인도자는 주중에는 노래를 연습하고 준비하는 것뿐만 아니라 기도, 성경 낭독 및 기타 예배 요소를 준비하는 데 많은 시간을 할애합니다. 예배의 흐름과 요소 간의 전환은 예배의 내용에 초점을 맞추고 궁극적으로 회중이 예배를 드리는 방식에 영향을 미치기 때문에 예배 인도자에게 중요합니다.

저는 수년간의 사역을 통해 예배 인도자의 자질을 대표하는 두 분과 함께 일할 수 있는 특권을 누렸습니다. 그들은 회중이 예배에 온전히 참여하도록 격려하는 방법을 개발했습니다.

아주사 퍼시픽(Azusa Pacific) 대학교의 목회학 석사 '예배 리더십' 과정의 책임자인 짐 알타이저(Jim Altizer) 박사는 회중 예배를 인도하는 놀라운 은사를 가지고 있습니다. 그는 회중을 하나님의 임재 가운데로 인도하는 놀라운 능력을 가지고 있습니다. "보세요, 엄마, 회중은 없어요!(Look, Ma, No Congregation!)"라는 제목의 기사에서 짐(Jim)은 이렇게 말합니다.

> 예배 인도자는 인도하고 유도할 수 있지만, 회중의 참여가 우선시되지 않는 한 우리는 그저 즐겁게만 해왔습니다. 사람들이 신선하고 성숙한 예배를 경험하려면 예배는 다양하고 창의적이어야 합니다. 성령께서 사람들의 감정에 관여하신다고 가정하려면 진리가 반응보다 앞서야 합니다. 이를 위해 예배 인도자는 사람들이 '예배'를 사랑하는지, 아니면 살아계신 하나님을 사랑하는지 분별해야 합니다. 특정한 형식의 예배 인도에 사람들을 중독시켜서도 안 되고, 반복이나 기승전결의 변화를 통해 오는 따뜻한 감정에 중독되어서도 안 됩니다.
>
> 회중 없이 예배를 진행할 수 없는 상황이라면 다양한 예배 도구를 활용하여 신선하고 균형 잡힌, 성숙한 반응을 이끌어낼 수 있도록 해야 합니다. 그렇지 않으면 무의미한 예배가 되거나 감정적 중독에 빠지게 됩니다. 회중이 예배에 좋은 추가 요소이지만 불필요한 것이라면 예배 인도자와 목회자는 변화를 향해 나아가야 합니다. 왜냐하면 변화에 대한 사람들의 인식이 진부해지면 곧 진부한 것만 감사하게 될 것이기 때문입니다.[101]

예배에 회중이 참여하도록 하기 위해 짐(Jim)은 예배에 의미를 부여하고 예배의 의미를 새롭게 하는 통합 방법으로 예배 계획 및 인도 방식을 개발했습니다. 그는 자신의 방법을 '예배 로드맵(Roadmaps for Worship™)'이라고 부릅니다.[102] 짐(Jim)이 예배를 계획할 때 사용하는 세 가지 로드맵 옵션이 있으며, 각각 성경의 내용으로 가득 차 있습니다.

로드맵의 한 유형은 '주제 예배(Topical Worship)'입니다. 주제 예배는 하나님의 속성과 같은 주제를 사용하여 노래들을 통합합니다. 하나님의 거룩하심과 같은 하나님의 속성에 초점을 맞추면 예배에 사용될 노래와 성경 구절을 선택할 수 있는 토대가 마련됩니다.

두 번째 유형의 로드맵은 '구절 예배(Verse Worship)'입니다. 구절 예배는 사람들을 예배로 인도할 뿐만 아니라 경건의 시간에 성경을 예배에 사용하는 방법도 가르쳐 줍니다. 이러한 유형의 로드맵의 예로 이사야 6장을 들 수 있는데, 1절과 2절 '하나님의 임재', 3절 '하나님의 예배', 4절과 5절 '우리의 무가치함', 6절과 7절 '정결함' 등 하나님의 임재 안으로 들어가기 위한 구절별 지침을 제공합니다.

세 번째 유형의 로드맵은 '경로 예배(Pathway Worship)'입니다. 경로 예배는 예배자에게 예배에 대한 지도 또는 청사진을 제공합니다. A.C.T.S.(경배, 고백, 감사, 간구)와 같은 약어와 성전의 배치(바깥뜰, 안뜰, 지성소)와 같은 디자인을 사용하여 공예배와 개인 예배 모두에 성경에 근거한 지침을 제공합니다.

'예배 로드맵'은 중요한 것을 유지하는 데 도움이 되는 신학적 로드맵입니다. 이 로드맵은 청중을 회중으로 되돌려 진정한 표현을 통해 하나님을 예배할 수 있도록 준비시킵니다. 회중 예배에서 로드맵을 사용하면 예배자들이 서로를 무시하는 것을 멈추고 다른 사람들 안에서, 다른 사람들과 함께, 다른 사람들을 통해 하나님을 경험하도록 도울 수 있습니다.

제가 존경하는 또 다른 예배 인도자는 월트 하라(Walt Harrah)입니다. 월트는 캘리포니아 라 미라다에 있는 그레이스 복음주의 자유 교회(Grace Evangelical Free Church)의 예배 담당 장로입니다. 그는 재능 있는 음악가이자 작곡가이며, 'No More Night(더 이상 밤은 없으리)'[103]와 찬양 'Think About His Love(주의 사랑을 주의 선하심을)'[104], 'Here Is Your God(당신의 하나님이 여기 계십니다)'[105] 등 수많은 곡을 발표했습니다. 그러나 제가 월트에게 가장 감명받은 것은 하나님의 사람들을 예배로 인도하는 그의 열정입니다.

매주 월트는 성경, 기도, 신학적인 인용구, 노래를 엮은 예배 대본(scripture)[106]을 만듭니다. 예배 대본에 다양한 요소를 통합하여 회중이 예배에서 하나님께 응답할 수 있는 효과적인 방법을 제공합니다. 예배 대본 개발과 관련하여 월드(Walt)는 다음과 같이 말합니다,

> 하나님에 대한 진리는 머릿속에 먼저 등록되며, 우리는 어떤 감정적인 방식으로 진리에 반응하도록 창조되었습니다. 따라서 성경은 우리에게 노래하고, 박수치고, 기도하고, 춤추고, 소리치고, 고백하고, 감사하고, 기뻐하라고 지시합니다.
>
> 그러나 이러한 행동은 하나님이 어떤 분인지에 근거하며, 우리가 하나님에 대해 진실로 알고 있는 것과 그분이 행하신 일에 대한 반응입니다. 그렇기 때문에 마음이 중요한 것입니다. 마음은 하나님의 위대하심과 그분의 선하심을 어느 정도 이해하고 있습니다. 우리의 마음을 교회 로비에 방치하는 것은 전혀 말이 되지 않습니다.
>
> 따라서 하나님께 드리는 예배는 단순히 예배의 울림만 주는 것이 아니라 머리와 가슴이 함께 어우러져 최대의 영향력을 발휘하고 하나님께 영광을 돌릴 수 있어야 합니다. 오늘날 우리가 직면한 가장 큰 문제는 예배가 노래와 동의어가 되었다는 것입니다. 그리고 우리가 성경의 일부를 읽거나 하나님에 초점을 맞춘 발언을 하거나 기도를 하면서 잠시 멈추고 하나님에 대해 생각한다면, 그것은 예배의 '흐름'을 방해하는 것으로 보일 수 있고, 종종 예

배에 방해가 된다고 기피되기도 합니다.

저는 찬양을 하지 않는 그 순간이 더 깊게 찬양의 자리로 나아갈 수 있도록 마음을 채울 수 있는 기회라고 생각합니다.

예배 대본은 하나님의 성품의 한 가지 집중된 측면에 머리와 마음을 집중시키려는 저의 시도입니다. 노래는 마음이 방금 받은 정보를 통해 심장이 반응하도록 도와주는 방식으로 구성됩니다.[107]

월트가 예배 대본을 통해 회중을 인도할 때, 회중은 주변 사람들과 함께 하나님께 예배를 드리는 데 동참하게 만들어줍니다. 회중의 참여는 예배 인도자로서 월트의 주요 관심사입니다. 회중은 잠재적으로 예배를 인도하는 사람들의 음악적 재능과 같은, 하나님 이외의 다른 것에 집중하고 싶은 유혹을 받을 수 있습니다. 예배팀은 수준 높은 뮤지션들로 구성되어 있습니다. 월트 자신도 인기 있는 세션 가수로 음악 업계에서 존경을 받고 있습니다. 가능한 한 가장 뛰어난 음악적 노력을 제공하고자 하는 열정으로 음악적 수준에도 신경을 쓰지만, 월트가 가장 중점을 두는 것은 회중과 회중의 예배 참여입니다. 회중에 대한 이러한 초점이 월트를 효과적인 예배 인도자로 만듭니다.

예배 인도자는 세상에는 회중이 있으며, 그 회중이 하나님의 임재 안에 있는 충만함을 경험하도록 인도하는 것이 예배 인도자의 책임이라는 사실을 결코 잊어서는 안 됩니다. 회중 예배를 인도하는 것은 예배 인도자나 밴드의 실력이 중요한 것이 아닙니다.[108] 예배 중에 실수가 발생하더라도(실수는 때때로 일어날 수 있습니다) 예배 인도자는 단상에서 일어나는 일이 아니라 회중 속에서 일어나는 일이 중요하다는 것을 알기에 신속하게 회복할 수 있습니다.[109]

또한 예배 인도는 예배 인도자가 얼마나 예배를 잘 드리는지가 중요한 것이 아닙니다. 그것은 회중이 하나님 앞에 나아갈 때 회중의 경험에 관한 것입니다. 예배 인도자는 그리스도의 몸의 일부로서 그 여정에 동참해야 하지만, 예배에서 길을 잃고 회중을 떠나서는 안 됩니다. "자신이 이끌고 있다고 생각하는데 아무도 따라오지 않는다면 그것은 단지 산책하는 것일 뿐"이라는 옛말이 있습니다. 회중이 뒤처진다면 예배 인도자는 예배를 인도할 책임을 다하지 못한 것입니다.

예배 인도자의 임무는 회중이 하나님의 존재에 몰입할 수 있는 표현과 경험을 통해 회중을 인도하는 것입니다. 예배 인도자가 예배를 인도할 때 회중이 예배의 행동에 참여하지 않는다면, 예배 인도자는 사람들을 하나님을 향한 경배와 찬양, 감사의 마음을 가지고 예배할 수 있도록, 더 효과적으로 인도하기 위해 유연하게 변화할 수 있어야 합니다.

- **예배 역할**: 예배 인도자
- **예배 형태**: 공예배
- **예배 모임**: 회중, 가정
- **주요 책임**: 예배에서 회중을 인도합니다.

16.
찬양 인도자(Song Leader)

"위대한 찬송가와 결혼한 위대한 신학은 위대한 영광송으로 하나님께로 나아갑니다."

스티븐 올포드(Stephen Olford)

찬양 인도자(Song Leader)는 예배 인도자와 비슷한 점이 있습니다. 둘 다 주로 회중 모임의 예배에 관심이 있습니다. 또한 예배에서 회중을 인도하고자 하는 열망도 같습니다. 두 역할의 가장 큰 차이점은 찬양 인도자는 주로 예배의 노래에 관심이 있는 반면, 예배 인도자는 음악뿐만 아니라 예배의 모든 요소에 관심이 있다는 것입니다.

저는 아내와 함께 예배 사역을 하고 있습니다. 교회, 수련회, 캠프 등 다양한 사역 현장에서 함께 예배를 인도해 왔습니다. 아내는 제가 전임으로 교회 사역을 하는 거의 20년 동안 제 곁을 지켜주었습니다. 제가 교회에서 전임으로 봉사하지 않은 기간이 있었습니다. 이 기간 동안 여러 교회에서 예배를 인도했고, 휴가 중인 예배 인도자를 대신하거나 예배의 변화를 추구하는 교회들을 도왔습니다. 언젠가 한 교회에서 주일 예배를 인도하기 위해 준비했던 기억이 납니다. 이 교회는 한 번도 가본 적이 없었기 때문에 새로운 곳에서 예배를 인도할 때마다 늘 그렇듯이 담임 목사님과 미팅을 통해 교회에 대해 알아보고 예배를 효과적으로 인도하는 데 필요한 모든 관련 정보 즉, 성경 본문, 설교 주제, 교회가 아는 찬송가 목록 등을 얻으려고 준비했습니다. 목사님과 이야기를 나누면서 목사님이 저에게 이런 말씀을 하셨습니다. "노래 사이에 너무 많은 말을 하지 마십시오. 설교는 제가 하고 찬양은 여러분이 하십시오." 저는 이 목사님이 찬양 인도자가 예배에서 음악을 인도하는 데 집중하기를 원한다는 것을 분명히 알 수 있었습니다. 그 이상도 이하도 아니었습니다.

교회에서 찬양 인도자가 되는 것이 잘못된 것은 아닙니다. 찬양 인도자의 역할은 하나님의 특별한 소명이며, 많은 교회에서 이 역할을 맡을 사람들을 찾고 있습니다. 또한 찬양 인도자는 일반적으로 찬양 중에 진행되는 예배를 인도하기 때문에 찬양 인도자와 예배 인도자 사이에는 약간의 교차점이 있습니다. 그러나 찬양 인도자의 초점은 예배의 음악적인 부분을 이끌고 다른 사람들이 예배의 다른 요소를 이끌도록 하는 것입니다.

찬양 인도자의 주된 책임은 회중을 노래로 인도하는 것입니다. 브라이언 렌(Brian Wren)이 지적한 것처럼 회중 찬양은 "예배하는 회중이 다른 사람에게 발표하거나 공연하는 것이 아니라 하나님과의 만남을 위한 수단으로서 부르는 모든 것"입니다.[110]

그러므로 찬양 인도자는 회중을 위해 음악을 연주하는 것이 아니라 회중이 하나님께 찬양의 노래를 부를 수 있도록 격려하는 것입니다.

● 주님께 노래하라

성경 전체에서 찬송하라는 명령은 하나님의 사람들에게 400번 이상 언급되었습니다. 이것은 선택 사항도 아니고 권장 사항도 아닙니다. 모든 사람에게 적용되는 명령입니다. 찬송할 곡이 있다는 것 외에는 찬송에 필요한 조건이 없습니다. 그리고 모든 그리스도인은 그리스도께 구원받은 모든 사람이 부르는 구원받은 자의 노래, 즉 찬송을 부를 수 있습니다. 아이작 와츠(Isaac Watts)는 "우리 하나님을 알지 못하는 자들은 노래하기를 거부하라."[111]고 했습니다. 구원받은 자들은 하나님을 알기 때문에 우리는 노래를 거부해서는 안 된다고 말했습니다. 이 노래를 부르기 위한 전제 조건은 없습니다. 하나님께서 값없이 주신 구원을 받아들이는 것 외에는 없습니다. 그럴 때 하나님은 단순히 '노래하라'라고 말씀하십니다.

구약성경에서 우리는 노래가 성전 예배의 중요한 의무 요소였음을 알 수 있습니다. 레위인들은 백성들을 노래로 인도하라는 지시를 받았고, 더 나아가 백성들도 노래에 동참해야 했습니다. 예배자에게 노래를 부르라고 명령하는 시편이 많이 있습니다. "새 노래로 여호와께 노래하라 온 땅이여 여호와께 노래할지어다 여호와께 노래하여 그의 이름을 송축하며 그의 구원을 날마다 전파할지어다"(시 96:1-2) 이 명령은 신약성경에서도 변하지 않습니다. 사도 바울은 신약 교회에 찬양을 권장했습니다(고전 14:26, 엡 5:19, 골 3:16 참조). 예배자들은 성경이 명령하기 때문에 찬송할 수밖에 없습니다. 매주 그리스도의 몸으로 모인 우리는 주님을 찬송하고 서로를 찬송함으로써 영적으로 새로워지고 재정비되며 거룩해집니다. "중요한 질문은 '목소리가 있느냐'가 아니라 '노래가 있느냐'입니다."[112] 구원받은 사람들로서 대답은 항상 "예"입니다.

● 거짓말을 믿지 마십시오

저는 사단이 우리에게 믿게 만든 가장 큰 거짓말 중 하나가 우리가 '노래를 부를 수 없다'라는 것이라고 믿습니다. 수년 동안 저는 수많은 크리스천들이 노래를 못한다고 말하는 것을 들었습니다. 어렸을 때 그런 말을 들었거나 노래를 부를 때 자신감이 없다는 것입니다. 제 대답은 항상 똑같습니다. "그건 지옥 구덩이에서 나온 거짓말입니다." 사단은 하나님께 드리는 찬양의 힘을 알고 있기 때문에 우리가 찬양을 할 수 없거나 해서는 안 된다고 우리를 설득했습니다. 우리는 그 거짓말을 믿지 말아야 합니다. 우리가 찬양을 할 수 없거나 우리의 목소리가 예배에 방해가 된다는 거짓말을 믿을 때, 사단은 승리합니다.

우리 교회에는 제가 '아메리칸 아이돌(American Idol)'[113] 증후군이라고 부르는 문제가 있습니다. 우리 문화가 '리얼리티(reality)' 노래 경연에 집착하기 때문에 교인들은 두 가지 선입견을 가지고 예배에 참석합니다. 첫째, 그들은 예배팀 찬양대가 텔레비전에 나오는 최신 경쟁자들처럼 들리기를 기대합니다. 둘째, 그들은 텔레비전에 나오는 최신 경쟁자들처럼 들리지 않기 때문에 자신을 최소화한다고 느낍니다.[114] 회중의 찬양을 인도하는 사람들로서 우리는 회중이 어떻게 들리든 그들의 목소리를 하나님의 영광을 위해 사용하도록 지도하고 격려해야 합니다. 결국, 하나님은 음정이나 음질을 듣는 것이 아니라 마음을 들으시기 때문입니다.[115]

● 하나님의 이야기 노래하기

찬양 인도자는 회중 찬양이 모든 예배 음악의 핵심이자 영혼이라는 것을 잘 압니다.[116] 우리가 예배를 위해 모일 때 우리가 부르는 노래는 하나님의 이야기를 상기시키는 데 도움이 됩니다. 우리는 하나님께서 과거에 우리를 위해 행하신 모든 일을 기억하고, 현재 우리에게 허락하신 축복을 회상하며, 하나님께서 미래에 이루시겠다고 약속하신 모든 일을 기대합니다. 하나님의 이야기를 노래하면 지역 모임에 모인 구원받은 사람들뿐만 아니라 전 세계에 흩어져 있는 사람들과도 하나가 됩니다. 또한, 우리는 찬송할 때 옛 성도들과 하늘의 무리들과 함께 하나님을 찬양의 자리에 동참합니다.

공동체에서의 노래

찬송은 여러 사람을 하나로 묶는 힘이 있기 때문에 공동체 예배에서 중요한 요소입니다. 세상에서도 노래는 사람들을 하나로 묶는 강력한 효과가 있습니다. 추도식에서 사랑하는 사람을 기억하기 위해 모인 낯선 사람들이 함께 노래를 부르거나, 보스턴 레드삭스 경기장에서 팬들이 '스위트 캐롤라인(Sweet Caroline)'[117]을 부르는 것처럼 말입니다. 교회 내에서 함께 노래하는 것은 규모에 상관없이 개인이 모인 모임을 하나의 예배 공동체, 즉 그리스도의 몸으로 묶는 가장 빠른 방법입니다. 요한 크리소스톰(John Chrysostom, AD 380년)은 찬양이 다양한 개인들을 하나로 묶어주는 독특한 방식에 대해 언급하기도 했습니다. 여기 로버트 웨버 박사의 이야기가 있습니다.

"방금 전 사무실에서 드린 예배에서 흘러나온 시편은 모든 목소리를 한데 섞어 하나의 완전히 조화로운 찬양을 만들어냈고, 젊은이와 노인, 부자와 가난한 자, 여자와 남자, 노예와 자유인이 모두 하나의 멜로디를 불렀습니다. … 사회 생활의 모든 불평등은 여기서 사라졌습니다. 우리는 함께 권리와 표현의 완전한 평등 속에서 하나의 합창단을 구성하여 이 땅이 하늘을 닮아가도록 합니다. 이것이 교회의 고귀한 성품입니다."[118]

마르바 던(Marva Dawn)은 "우리는 교회에 가는 것이 아니라 우리가 교회이며, 교회가 되는 법을 배우기 위해 예배에 갑니다."[119]라고 했습니다. 찬양 인도자의 책임은 사람들이 이미 존재하는 공동체를 표현하도록 돕는 것입니다. 디트리히 본회퍼(Dietrich Bonhoeffer, 1906-1945)는 개인이 노래하는 목소리와 노래하는 공동체의 목소리가 어떻게 결합해야 하는지가 중요하다고 했습니다,

"우리가 노래를 부르면 부를수록 더 많은 기쁨을 얻을 수 있지만, 무엇보다도 우리가 노래에 더 많은 헌신과 훈련과 기쁨을 쏟을수록 함께 노래하는 교제의 삶 전체에 임할 축복은 더 풍성해질 것입니다. 그것은 함께 노래할 때 들리는 것은 교회의 목소리입니다. 노래하는 것은 여러분이 아니라 교회이며, 여러분은 교회의 일원으로서 그 노래에 동참할 수 있습니다. 따라서 옳은 모든 노래는 우리의 영적 지평을 넓히고, 우리의 작은 공동체가 지상의 위대한 그리스도교 교회의 일원임을 깨닫게 하며, 우리의 노래가 미약하든 좋든 기꺼이 교회의 노래에 동참하도록 도와야 합니다."[120]

가르침을 주는 노래

우리가 노래를 부르는 것은 우리의 신앙을 표현하는 방법이기 때문입니다. 우리의 신학 대부분은 우리가 부르는 노래를 통해 받아들여지

고 표현됩니다. 노래 가사는 우리를 가르치고 교훈을 줍니다. "지극히 영광스러운 왕께 경배하고 그분의 놀라운 사랑을 감사히 노래하라"와 같은 가사는 우리에게 예배를 드리라고 가르칩니다. "시간을 내어 거룩해지라, 주님과 자주 이야기하라"[121]는 가사는 우리의 일상적인 훈련을 촉구합니다. "주님께서 당신을 위해 행하신 일을 말함으로써 그분의 사랑을 나누세요"라는 가사는 하나님의 사랑을 다른 사람들과 나누는 방법을 가르쳐 줍니다. 이것이 바로 존 웨슬리(John Wesley)가 찬송가를 원래 가사 그대로 부를 것을 그토록 단호하게 주장한 이유입니다. "찬송가를 조금이라도 바꾸거나 고치지 말고 여기에 인쇄된 그대로 부르고, 만일 여러분이 다른 방식으로 찬송가를 배웠다면 가능한 한 빨리 잊어버리십시오."[122]

저는 웨슬리가 이 선언문을 통해 예배자들이 찬송가에 담긴 교리의 순수성을 유지하도록 했다고 믿습니다. 저는 웨슬리가 수 세기가 지나면서 언어의 변화로 인해 약간의 서정적 변화가 생긴 것에 대해 이의를 제기하지 않았을 것이라고 믿습니다. 더 이상 사용되지 않는 비본질적인 단어와 잠재적으로 혼란이나 오해를 일으킬 수 있는 단어가 있습니다. 전통적인 찬송가에서 볼 수 있는 '족쇄(fetter)', '웰킨(welkin)', '서두르다(hasten)' 같은 단어는 오늘날 찬송가의 교리적 의도를 해치지 않으면서도 '사슬(chain)', '하늘(heaven)', '서둘러(hurry)'로 적절하게 번역할 수 있습니다. 윌리엄 카우퍼(William Cowper)의 '내 창자가 죽어가는 사람아(My Bowels Yearn O'er Dying Men)'는 카우퍼 시대에 쓰인 '창자(bowels)'라는 단어가 오늘날 우리가 말하는 마음, 즉 열정과 진실함이 깃든 내면의 깊은 곳을 의미한다고 생각하면 강력한 찬송가입니다. "죽어가는 사람들 때문에 내 마음이 아프다(my heart aches for dying men)"는 노래가 오늘날에는 더 어울릴 것 같습니다. 또한 수년에 걸쳐 관점이 바뀐 단어도 있는데, 예를 들어 '끔찍하다(awful)'는 원래는 '경건한 경이로움을 불러일으킨다'라는 뜻이었지만('굉장하다' 또는 '경외감으로 가득 차 있다') 오늘날에는 일반적으로 매우 나쁘거나 불쾌한 의미로 해석되고 있습니다. 단순히 명확성을 위해서가 아니라 노래의 문맥이나 내용을 바꾸기 위해, 특히 의도한 것과 다른 의미로 바꾸기 위해 가사를 바꾸면 찬송가가 도용되어 본질적으로 망가지게 된다는 예입니다.

웨슬리의 우려의 핵심을 보여주는 한 가지 예는 미국 장로교회가 현대 찬송가인 '예수 안에 소망있네(In Christ Alone)'[123]를 그들의 찬송가에 거부한 것입니다. 거부된 이유는 작곡가인 키스 게티(Keith Getty)와 스튜어트 타운엔드(Stuart Townend)가 노래의 한 줄을 바꾸기를 거부했기 때문입니다. 문제의 가사가 적혀 있습니다,

> 예수께서 십자가에 달려 죽으실 때까지(Till on that cross as Jesus died)
> 하나님의 진노를 만족하게 하셨네(The wrath of God was satisfied)

찬송가 위원회는 가사를 다음과 같이 바꾸길 원했습니다,

> 그 십자가에 예수 죽으실 때까지(Till on that cross as Jesus died)
> 하나님의 사랑은 더욱 커졌네(The love of God was magnified)

작곡가들이 가사 변경을 허락하지 않자 위원회는 이 곡을 찬송가에 수록하지 않기로 결정했습니다. 게티와 타운엔드를 비롯해 언론 매체를 통해 반응을 보인 다른 많은 사람들에게 단어 변경은 단순한 언어적 변화가 아니라 중대한 교리적 변화였습니다. 우리 교회에서도 이를 주의해야 합니다. 우리가 부르는 노래는 신학을 가르치기 때문에 정확하고 의미 있는 신학적 진리가 담긴 노래를 부르고, 불편함을 느낄 수 있는 진리를 외면하지 않도록 주의를 기울여야 합니다.

니케아 신조(the Nicene creeds)와 사도신경(Apostles' creeds)과 같은 기독교 신앙의 위대한 신조는 신앙의 필수 교리와 개념을 가르칠 수 있는 길을 제공합니다. 배리 리쉬(Barry Liesch)는 "일부 교회에서는 신조를 읽는 것보다 노래하는 것을 선호할 수도 있습니다. '주의 영광스러운 일들이 말하도다(Glorious Things of Thee Are Spoken)(오스트리아 찬송가)의 찬송가에 맞춰 사도신경의 의역 버전을 부를 수 있습니다."라고 말합니다.

사도신경(의역)

나는 천지를 지으신 하나님 아버지를 믿습니다,
그리고 우리의 구주 예수 그리스도를 믿사오니, 이는 비교할 수 없는 가치를 지닌 하나님의 아들이시며,
성령으로 잉태되신 동정녀 마리아는 하나님의 아들을 낳으셨나이다.
내가 믿은 그분, 전능하신 하나님, 셋이 하나이신 하나님.

본디오 빌라도 아래서 고난을 받으시고 나를 위해 십자가에 못 박혀 죽으

시고,

　무덤 속에 고요히 누워 지옥의 문이 활짝 열렸습니다.

　그리고 돌로 봉인된 무덤은 비어 있었고, 사흘째 되던 날 그분은 살아나셨습니다.

　하늘에 입성하셨고, 원수들의 강력한 정복자.

　그분은 하나님 우편에 앉아 계시며, 그분이 말씀하신 대로 오실 때까지 앉아 계십니다.

　산 자와 죽은 자에게 최후의 심판이 임할 것입니다.

　나는 성령께서 아들 그리스도를 통해 보내심을 고백합니다.

　구원의 공로를 적용하기 위해 성령 하나님-하나님 셋이 하나이십니다.

　저는 모든 신자들이 전체적으로 한 몸을 이룬다고 믿습니다.

　나는 내 영혼을 들어 올리는 성도들과 함께 우리는 시대를 초월하여 하나입니다.

　나는 죄가 용서되고 우리 몸이 부활할 것을 믿습니다.

　하늘에서 영원한 생명, 아멘, 그분의 이름이 찬양의 대상이 됩니다.[124]

　우리의 찬송은 또한 우리에게 더 효과적으로 기도하는 방법을 가르쳐 줄 수 있는 잠재력을 가지고 있습니다. 예배 찬양의 대부분은 하나님께 직접 드리는 기도입니다. 예배자들은 찬양의 기도를 통해 하나님께 찬양의 말씀, 애통의 말씀, 고백과 감사의 말씀, 선포의 말씀을 노래합니다. 어거스틴(Augustine)은 "노래하는 자는 두 번 기도한다."라고 말했습니다. 스펄전(Spurgeon)은 "하나님은 목소리로 찬양의 대상이 되시며, 마음은 거룩한 환희로 함께 가야 합니다."[125]라고 말하며, 찬송은 하나님이 누구이신지, 하나님의 계시에 비추어 우리가 누구인지를 드러내는 방식으로 하나님과 소통하는 강력한 방법이라고 말합니다. 우리가 기도하는 노래는 우리의 삶을 영적으로 형성합니다.

우리를 형성하는 노래

예배에서의 말씀이 영적 형성의 가치가 있기 때문에 찬양 인도자는 노래 선택에 주의를 기울여야 합니다. 우리가 예배하는 방식이 곧 우리가 믿는 방식이라는 라틴어 구절 '렉스 오란디, 렉스 크레덴디(lex orandi, lex credendi)'를 '렉스 칸탄디, 렉스 크레덴디(lex cantandi, lex credendi)' 즉, '우리가 노래하는 방식이 곧 우리가 믿는 방식이다'로 바꾸어 표현하기도 합니다. 사람은 말을 형성하고 말은 사람을 형성합니다. 우리가 교회에서 부르는 노래는 우리 마음속에 진리로 자리 잡습니다. 사람들과 신앙에 대해 대화를 나누다 보면 자신도 모르게 자신이 믿는 바를 변호하기 위해 노래 가사를 인용하기 시작합니다. 수년 동안 불려온 찬송가와 예배곡의 가사는 그들의 신앙 체제에서 중요한 부분이 되었습니다. 플라톤(Plato)은 "국가의 노래는 내가 쓰게 하되, 그 나라의 법률은 누가 쓰든 상관없다"고 말한 적이 있습니다. 그는 노래가 사람들의 신념과 삶을 형성하는 힘을 이해했습니다.

우리가 회중을 위해 선택하는 노래는 회중이 잘 살거나 반대로 잘 살지 못하도록 영향을 줄 것입니다. 제 예배 사역 수업을 듣는 한 학생은 자신의 예배 멘토가 교회의 예배 인도자들에게 사람들이 죽을 수 있는 노래를 부르라고 독려한다고 말했습니다. 즉, 우리가 잘 살고 잘 죽는 데 도움이 되는 노래를 부르라는 것입니다. 선하고 정확한 신학이 담긴 노래, 우리를 하나님과 멀어지지 않고 더 가까이 이끌 수 있는 노래, 죽음의 침대에서도 부를 수 있고 하나님의 임재를 가까이 느낄 수 있는 노래입니다. 찬양 인도자 여러분, 50년 후 병상에서 부를 수 있는 노래를 가르치고 있나요?

우리가 회중을 위해 선택하는 노래와 우리가 회중에게 금지하는 노래는 그들의 영적 성장에 중요한 요소입니다.

● 예수님과 함께 노래하기

그리스도인들이 모일 때, 우리는 그리스도의 몸이 되고 우리의 공동체적 표현은 살아 계신 하나님의 숨결이 됩니다. 그러므로 회중 찬송은 우리 가운데 계신 그리스도의 살아 계신 음성으로 여겨집니다. 찬양 인도자는 회중이 궁극적인 찬양 인도자이신 예수님을 따르도록 힘써야 합니다. 우리의 관심이 예수님께 집중될 때 우리는 노래로 그분과 하나가 됩니다. 예수님은 우리를 대신하여 사역하시며 아버지께 "이르시되 내가 주의 이름을 내 형제들에게 선포하고 내가 주를 교회 중에서 찬송하리라 하셨으며"(히 2:12)라고 선언하시는 최고의 찬양 인도자이십니다. 그분은 우리가 은혜의 보좌로 나아갈 때 우리를 위해 중보하시는 우리의 대제사장입니다. 레지 키드(Reggie Kidd)는 예수님에 대해 이렇게 말합니다,

"… 영구적으로 '새 노래'를 세울 수 있는 제사장 직분은 오직 한 분, 모든 인종과 민족, 부족과 방언, 계층과 서로 다른 수준의 사람들을 하나의 합창단으로 통합할 수 있는 단 한 분, 권세와 정권에 대항하여 그 무리들을 이끌

수 있는 유일한 가수, 죄로 버림받은 침묵 속으로 끝까지 가시고 승리하여 성육신하신 하나님이 되어 사랑으로 자기 사람들을 노래하는 그분(엡 3:17) 뿐이십니다. 예배에서 찬양의 영광은 우리의 목소리를 그분의 목소리에 동참할 수 있다는 것입니다. 중요한 것은 우리의 목소리가 아니라 그분의 목소리입니다."[126]

● 회중 찬송 인도하기

회중 찬송에 참여할 때는 보통 사람들이 자발적으로 찬양을 시작하지 않기 때문에 일종의 인도자가 필요합니다. 그러나 인도자가 사람들의 찬양을 가려서는 안 됩니다. 회중 찬양의 주된 도구는 회중의 목소리이기 때문에 회중의 목소리가 우선시되어야 합니다. 기독교인들은 회당에 모인 회중이 한 사람의 목소리, 즉 '가수(cantor)'(또는 현대적 용어로 '예배 인도자')에 의해 인도되는 회당의 음악적 전통을 계승해 왔습니다. 초기 기독교인들은 예전에 악기를 포함시키는 것을 두고 논쟁을 벌였습니다. 오르간은 16세기 후반부터 찬송가를 반주하기 시작했습니다. 그전에는 찬송가를 소개하고 무반주 회중과 교대로 연주했습니다. '아카펠라(a cappella)'라는 용어는 문자 그대로 '예배당에서와 같이(as in the chapel)'라는 뜻으로, 원래 회중 찬송을 지칭하는 용어로 사용되었습니다.

콘스탄스 체리(Constance Cherry)는 예배에서 노래를 사용하지 않는 소수의 기독교 전통을 정중하게 인정하면서도 "기독교인이 신앙을 노래하는 것은 온전한 성경적 예배에 참여하는 데 필수적입니다."[127]라고 말했습니다. 찬양 인도자는 회중 노래가 기독교 예배에 없어서는 안

될 필수 요소라는 것을 이해합니다. 기독교는 노래하는 신앙입니다. 예배자들은 하나님이 누구이시며 그분이 행하셨고, 행하고 계시고, 행하실 일에 대한 응답으로 노래를 부릅니다.

교회는 공식적인 존재보다 더 오랫동안 찬양의 노래를 불러왔습니다. 구약에서 하나님의 사람들은 시편과 찬송가를 통해 찬양의 노래를 불렀습니다. 모세는 구속받은 자의 노래를 부르며 사람들을 이끌었습니다. 다윗은 '방주(Ark)' 즉, 하나님께서 지상에 임재하시는 장소 앞에서 사람들을 이끌고 찬양의 시를 불렀습니다. 신약 교회는 이러한 전통을 이어받아 찬송가와 영성가(spiritual songs)를 곡 목록에 추가했습니다. 하나님의 교회는 항상 노래하는 신앙이었습니다.

찬양 인도자의 가장 큰 책임은 회중이 자신의 목소리를 찾도록 돕는 것입니다. 찬양 인도자는 사람들의 찬양을 촉진하기 위해 다양한 요소를 고려해야 합니다.

누가 모임을 구성할 것인가?
그들의 연령대는 어떻게 되나?
그들은 교회에서 어떤 찬양을 부르는 데 익숙한가?
예배의 흐름에서 음악이 어떤 역할을 하는가?
찬양 인도자는 분위기뿐만 아니라 흐름을 어떻게 촉진할 수 있는가?
회중은 음악적 지식이 어느 정도인가?

이러한 질문 등은 음악 예배에서 회중을 인도할 때 고려해야 할 중요한 사항입니다. 또한 회중 찬양을 위한 지침은 회중이 잘 찬양하고 찬양 인도자가 잘 인도하는 데 도움이 됩니다. 18세기 설교자 존 웨슬리

(John Wesley)는 교회에서 회중 찬양을 강화하기 위해 '회중 찬양을 위한 규칙(Rules for Congregational Singing)'을 썼습니다.[128] 브라이언 렌(Brian Wren)은 그의 책 '두 번 기도하기(Praying Twice)'에 지침을 수록했습니다.[129] 궁극적으로, 회중 찬양을 효과적으로 인도하기 위해 찬양 인도자는 익숙하고 더 자주 불리고 부를 수 있는 노래, 그리고 언제든 아카펠라로 부를 수 있는 노래를 불러야 합니다.

● 익숙한 노래 부르기

익숙한 노래를 부른다는 것은 새로운 노래를 덜 자주 가르쳐야 한다는 뜻입니다. 한 달에 한 곡에서 두 곡 이하의 새로운 노래를 가르치는 것이 좋습니다. 새로운 노래를 가르쳤을 때는 2주 이내에 다시 부를 수 있도록 최선을 다해야 합니다. 일반적으로 저는 새 노래를 가르치면 바로 다음 주에 다시 부르고, 셋째 주에는 쉬었다가 넷째 주에 다시 부릅니다. 이렇게 하면 회중이 노래에 익숙해지고 예배에 온전히 참여할 수 있습니다. 찬양을 더 자주 로테이션에 포함시키면 회중이 찬송에 익숙해져서 더 많이 부르도록 권면할 수 있습니다. 하지만 지나치지 않도록 주의하시기 바랍니다. 8주 중 여섯 번이나 같은 곡을 부르는 것은 다소 과할 수 있습니다.

● 부를 수 있는 노래 부르기

찬양 인도자는 또한 회중이 부를 수 있는 노래를 선택해야 합니다. 어떤 노래가 회중에게 적합한지 여부를 고려할 때는 노래의 멜로디와 평균적인 교회 참석자(밴드 활동을 막 시작한 중학생과 찬송가를 부르며 자란 할머니도 참석할 수 있습니다.)가 부를 수 있는 노래인지 생각해 보십시오. '멜로디가 잘 흘러가는 방식으로 만들어졌는지?' '멜로디를 흥얼거리면 아름다운지?' 저의 좋은 친구이자 worshipbetter.com의 설립자인 앤드류 브레인(Andrew Braine)은 "일반적으로 대부분의 회중이 멜로디를 흥얼거리지 않는다면 아마도 강한 멜로디가 아닐 것입니다."라고 말합니다. 그러므로 멜로디를 흥얼거려 보세요. 아름답나요? 기억에 남나요?

회중이 멜로디의 음역대에 접근할 수 있나요? 현대 찬양의 많은 멜로디와 일부 전통 찬송가는 일반 회중이 부르기에는 너무 넓은 음역대에 있습니다. 루스 킹 고다드(Ruth King Goddard)의 주장입니다,

> "특정 키를 선택한다고 해서 노래에 필요한 음역대가 있는지 여부가 명확해지지는 않습니다. 노래의 멜로디는 어떤 키에 있더라도 쉽게 특정 보컬 범위를 유지하거나 넘어설 수 있습니다. 특히 최신 음악의 대부분은 음색 중심이 훨씬 느슨하고 창의적인 작곡가들이 과거의 일반적인 멜로디 구조를 벗어나고 있기 때문에 더욱 그렇습니다. 따라서 노래의 악보를 보거나 귀를 기울여 가장 높은 음과 가장 낮은 음이 어디에 있는지 찾아야 합니다."[130]

오늘날 사람들은 이전 세대에 비해 노래하는 성대가 작습니다.[131] 여기에는 학교에서의 음악 교육 부족, 오늘날의 문화에서 노래할 기회가 적고, 점점 더 노래하지 않는 문화가 된 결과로 노래를 할 수 없거나 해서는 안된다는 거짓말을 믿는 등 여러 가지 이유가 있을 수 있습니다. 그럼에도 불구하고 예배 지도자로서 우리는 회중 찬양의 음역대를 고려하고 사람들이 효과적으로, 그리고 신체적으로 노래를 부를 수 있는

지 판단해야 합니다.

현대 예배곡에서 흔히 볼 수 있는 것은 '옥타브 멜로디 점프(vocal octave jump)'입니다. 옥타브를 점프하는 것은 녹음이나 공연장에서는 멋지게 들릴지 모르지만, 일반 회중은 따라 부르기 힘들 것입니다. 회중 예배에서 우리의 목표가 온전한 참여라면, 그들이 할 수 없는 것을 하는 것은 우리의 목표를 달성하는 데 도움이 되지 않습니다. 또한 보컬 옥타브 점프의 목적도 고려해야 합니다. 회중과 그들의 예배에 유익을 주기 위한 것인가요, 아니면 주로 노래의 연주를 더하기 위한 것인가요?

● 아카펠라 노래 부르기

사람들이 더 크게 노래하기를 원한다면 음악의 볼륨을 높이라고 말하는 학파가 있습니다. 이 철학은 밴드가 앰프를 크게 틀고 사람들이 거의 소리를 지르는 축제 형식의 집회에서 잘 통할 수 있습니다. 그러나 회중 찬양의 경우 회중의 목소리가 가장 중요해야 합니다. 회중이 들리기 위해 소리를 지르거나 자신의 목소리를 듣기 위해 소리를 지르는 일이 없어야 합니다. 볼륨을 낮추고 회중이 서로 찬양하라는 바울의 권고를 이행할 수 있도록 찬양을 부를 수 있도록 노력해야 합니다(엡 5장 참조). 예배 중 적어도 한 번은 밴드를 끊고 마이크에서 뒤로 물러나 회중이 목소리로만 노래하도록 하십시오. 이를 통해 회중은 자신의 목소리를 듣고, 자신의 목소리로 용기를 얻고, 하나님을 예배하는 다른 사람들에게 힘을 줄 수 있는 기회를 갖게 됩니다.

찬양 인도자의 가장 큰 책임이 회중을 노래로 인도하는 것이라면 회중이 노래를 불러야 합니다. 켄 리드(Ken Read)가 개인적인 이야기를 들려줍니다,

> "얼마 전 한 수도원을 방문했을 때 그곳의 형제들로부터 공동체 찬송에 관한 중요한 교훈을 배웠습니다. 우선, 공동체의 각 구성원은 다른 구성원이 짐을 지는 것을 도울 책임이 있다고 여깁니다. 그들은 나눔의 원칙을 진지하게 받아들입니다. 각 멤버는 비브라토나 기교 없이 곧은 음색으로 자신만의 목소리를 찾아 다른 멤버들과 조화를 이룹니다. 너무 부드럽게 노래하는 사람이 있을 틈도 없고, 다른 사람보다 돋보이는 사람이 있을 틈도 없습니다. 노래로 예배하는 이 일에서 우리는 모두 평등합니다."[132]

하지만 회중이 찬양을 하지 않는다면 어떻게 해야 할까요? 저는 예배 담당 목사가 된 후 한 교회에서 이런 상황을 겪었습니다. 훌륭한 사람들이 모인 교회였는데 찬양할 때가 되면 온전히 참여하지 않았습니다. 저는 예배 인도자, 특히 인도 방식과 선곡에 대한 그들의 이전 경험을 바탕으로 몇 가지 이유가 있다는 것을 발견했습니다. 그 결과 저는 6개월 안에 회중이 완전히 참여하여 찬양을 부르게 하겠다는 목표를 세우기로 했습니다. 저는 교회의 예배 지도자들에게 이 목표를 알리고 도움을 요청했습니다. 우리는 네 가지 접근 방식을 결정했습니다.

새로운 노래

새로운 곡을 덜 자주 소개하기로 했습니다. 한 달에 새로운 곡을 두 곡 이하로 가르치고, 새로운 곡을 가르쳤을 때는 2주 이내에 다시 부르

도록 노력하기로 했습니다.

노래의 종류와 수

교회의 노래 종류가 너무 많아졌습니다. 교회의 예배 인도자들이 선택할 수 있는 노래가 너무 많았습니다. 이로 인해 회중은 특정 곡에 익숙해지지 못했습니다. 우리는 노래의 종류와 수를 줄이고 노래를 더 자주 불러야 했습니다.

노래 목록[122][133]

저는 회중 예배를 위해 노래를 선택할 때 사용할 세 가지 노래 목록을 만들었습니다. 상위 40곡, 하위 60곡, 클래식[134]입니다. 교회는 매년 교회 전체를 위해 주제를 선정했습니다. 상위 40곡 목록에는 그 해의 주제와 일치하는 노래와 회중에게 가르치고 싶은 새로운 노래가 포함되어 있습니다. 하위 60곡 목록은 회중이 계속 부르기를 원하는 전년도 곡들로 구성되었습니다. 클래식 목록에는 교회에 너무 친숙해서 부를 때 거의 모든 사람들이 잘 알고 있기 때문에 거의 모든 사람들이 동참하는 곡들이 포함되었습니다('내 구주 예수님(Shout to the Lord)'[135] '위대하신 주(How Great Is Our God)'[136] '내 맘의 눈을 여소서(Open The Eyes of My Heart)'[137]가 이 목록에 포함되었습니다).

예배 인도자들은 특정 주일에 사용할 곡의 50%를 상위 40곡 목록에서 선택합니다. 나머지 50%의 곡은 하위 60곡 목록, 클래식 목록에서 선택하거나 찬송가를 선택할 수 있었습니다.

이렇게 정리된 곡 목록에서 곡을 선택하는 과정을 통해 몇 가지 성과를 거두었습니다. 첫째는 예배 인도자에게 곡 선정에 대한 지침을 제공했으며, 둘째는 곡이 더 자주 불려 회중이 곡을 배우고 더 많이 참여할 수 있는 기회를 제공했습니다.

아카펠라(무반주 합창)

예배 중 적어도 한 번은 예배 인도자가 밴드를 멈추고, 마이크에서 뒤로 물러나 회중이 아카펠라를 부르도록 장려해야 했습니다. 회중이 자신의 목소리를 듣고 자신의 목소리로 힘을 낼 수 있는 기회를 주기 위해서였습니다.

회중이 예배에서 찬양에 더 많이 참여하도록 장려하는 우리의 목표를 달성하기 위해 6개월 동안 위의 지침을 따르기로 결정했습니다. 다행히도 우리는 3개월 만에 목표를 달성했습니다. 3개월이라니 놀라웠습니다. 회중은 이전에는 경험하지 못했던 방식으로 찬양을 부르기 시작했습니다. 저희는 정말 놀랐습니다. 그리고 6개월의 시험 기간 이후에도 계속해서 지침을 따르기로 결정했습니다.

찬양 인도자는 주중 대부분의 시간을 예배를 위한 음악 연습과 리허설에 할애합니다. 찬양 인도자는 예배의 다른 요소에는 주로 관심을 두지 않으며, 예배의 '빈' 공간, 즉 음악이 아닌 다른 요소를 채우는 것은 다른 사람에게 맡깁니다. 찬양 인도자는 노래를 감독하고 다른 중요한 예배 요소를 계획하고 실행하는 것은 다른 사람에게 맡깁니다.

찬양 인도자가 음악에 집중하면 노래에 문제가 발생했을 때 복구 시간이 더 오래 걸립니다. 밴드가 큐 사인을 놓치거나 가수의 음정이 어긋나면 찬양 인도자는 이를 떨쳐내고 계속 진행하기가 어렵습니다. 그들은 대부분의 시간을 곡을 계획하고 준비하는 데 투자하기 때문에 모든 것이 계획대로 잘 진행되기를 원합니다. 그렇지 않으면 기차가 궤도를 벗어난 것이고 탈선을 바로잡는 데 시간이 걸립니다.

회중을 노래로 인도하려면 특별한 지도자가 필요합니다. 찬양 인도자는 회중의 찬양이 하나님께 대한 응답을 표현할 뿐만 아니라 하나님의 이야기를 전한다는 것을 이해해야 합니다. 찬양 인도자는 회중의 목소리를 가장 중요하게 생각해야 하며, 주님께 찬양의 찬양을 드리라는 성경의 명령을 이행할 수 있도록 최선의 기회를 제공해야 합니다.

- **예배 역할**: 찬양 인도자
- **예배 형태**: 공예배
- **예배 모임**: 회중, 가정
- **주요 책임**: 예배의 음악 부분을 인도합니다.

17.
예배 아티스트(Worship Artist)

"예술적 창의성은 하나님께서 주신 것일 뿐만 아니라 하나님의 능력이 발휘되는 주요 방법 중 하나이며, 정의에 대한 갈증과 아름다움에 대한 갈망을 일깨워준다."

존 드 그루시(John de Gruchy)

몇 년 전 저는 남부 캘리포니아에서 열린 매우 인기 있는 사역 컨퍼런스에 참석했습니다. 이 컨퍼런스는 활력이 넘치고 수준 높은 연설이 계속 이어졌습니다. 인기 있는 연사(교회 및 일반 강사)부터 음악, 조명, 멀티미디어에 이르기까지 모든 요소가 청중의 흥을 돋우기 위해 계획되었습니다. 심지어 발표도 화려하게 진행되었습니다. 컨퍼런스의 목적은 참석자들이 사역에 대해 흥분하고 용기를 얻도록 하는 것이었습니다.

이런 성격의 컨퍼런스와 마찬가지로 음악은 인기 있는 예배 아티스트들이 맡았습니다. 이들의 공연은 특수 효과 조명, 창의적인 영상, 안개 기계까지 더해져 활력이 넘쳤습니다. 음악은 볼륨을 최대 11까지 올렸습니다(1부터 10까지 척도). 뮤지션들은 자신의 기술을 완성하기 위해 매우 열심히 노력한 최고 수준의 연주자들이었습니다. 각 아티스트는 컨퍼런스 서점에서 음반을 판매했습니다.

예배 아티스트의 주 관심사는 사람들을 개인 예배로 인도하고 예배의 삶을 살도록 격려하는 것입니다. 이들은 매일 개인 예배 시간에 사람들을 격려하기 위해 예배 노래 앨범을 녹음합니다. 또한 컨퍼런스에서 공연하고 콘서트를 열기도 합니다. 여기서도 예배 아티스트의 초점은 여전히 개인 예배에 맞춰져 있으며, 단지 집회 환경에서 이루어질 뿐입니다. 예배 아티스트는 또한 예배자들이 삶에서 하나님을 예배하도록 격려할 것입니다. 그들은 사람들이 하나님께 영광을 돌리고 다른 사람들을 주님께 초청하는 삶으로 살기 원합니다.

집회 환경에서 공연할 때는 예배 아티스트가 축제 형식으로 예배를 인도합니다. 특수 조명, 비디오, 안개 기계가 페스티벌 모임의 특징인 경우가 많습니다. 이러한 시간은 예배 아티스트가 예배자들이 주님을 신뢰하며 선한 싸움을 계속하도록 격려하는 기회가 됩니다. 예배 아티스트의 사역은 그리스도의 몸을 세우고 그 여정을 격려하기 위한 공연 기반의 사역입니다.

예배를 인도하는 과정에서 예배 아티스트는 종종 대부분의 사람들이 따라갈 수 없는 곳에 가기도 합니다. 제 말은 아티스트는 일반적으로 뛰어난 음악가이며 참여자들에게 감동과 경외감을 주는 방식으로 악기를 연주하고 노래할 수 있다는 것입니다. 공연을 관람하는 일반인은 음악가만큼 실력이 뛰어나지 않기 때문에 뒤처지게 됩니다. "나도 저렇게 연주할 수 있으면 좋겠다." 또는 "나도 저렇게 노래할 수 있으면 좋겠다"와 같은 말을 관계자들로부터 자주 듣게 됩니다. "와, 지붕을 찢어버렸네"와 같은 댓글도 있습니다.

하지만 음악적 재능에만 국한된 것은 아닙니다. 예배 아티스트의 숙련된 음악적 재능을 통해 예배를 드리는 사람이 감동을 받는 경우가 많습니다. 이럴 때 예배 아티스트는 자신의 소명을 완수하는 것입니다. 예배 아티스트는 진정으로 주님을 사랑하고 하나님을 예배하는 것을 좋아하며 다른 사람들도 그렇게 하기를 깊이 소망합니다. '하트 오브 더 아티스트 미니스트리(Heart of the Artist Ministries)'의 디렉터인 로리 놀랜드(Rory Noland)는 "예배 아티스트는 삼위일체 하나님을 향한 의도적인 예배 행위로서 자신의 예술을 하는 사람"이라고 말합니다.[138]

최고의 예술가

전에도 말했지만 반복할 필요가 있다고 생각합니다. 예배 아티스트가 되는 것은 잘못된 것이 아닙니다. 예배 아티스트의 성품은 하나님의 성품을 닮았습니다. 아버지 하나님은 최고의 예술가이시며 창조의 저자이십니다. 이에 대한 성경의 유명한 은유 중 하나는 토기장이로서의 하나님입니다.

> "그러나 여호와여, 이제 주는 우리 아버지시니이다 우리는 진흙이요 주는 토기장이시니 우리는 다 주의 손으로 지으신 것이니이다"(사 64:8)

예술과 창의성은 하나님으로부터 시작되고 하나님으로 끝납니다. 창세기에서 우리는 '시작'에 대해 읽습니다. "태초에 하나님이 천지를 창조하시니라 땅이 혼돈하고 공허하며 흑암이 깊음 위에 있고 하나님의 영은 수면 위에 운행하시니라"(창 1:1-2). 그리고 요한계시록에서 우리는 '종말'과 '새로운 시작'에 대해 읽습니다. "또 내가 새 하늘과 새 땅을 보니 처음 하늘과 처음 땅이 없어졌고 바다도 다시 있지 않더라 또 내가 보매 거룩한 성 새 예루살렘이 하나님께로부터 하늘에서 내려오니 그 준비한 것이 신부가 남편을 위하여 단장한 것 같더라"(계 21:1-2)

최고의 예술가이신 하나님은 그의 자녀들을 예술적으로 창조하셨습니다. 브살렐(Bezalel)이 그 예입니다.

"내가 유다 지파 훌의 손자요 우리의 아들인 브살렐을 지명하여 부르고 하나님의 영을 그에게 충만하게 하여 지혜와 총명과 지식과 여러 가지 재주로 정교한 일을 연구하여 금과 은과 놋으로 만들게 하며 보석을 깎아 물리며 여러 가지 기술로 나무를 새겨 만들게 하리라"(출 31:2-5)

이 성경 구절은 '능력, 지혜, 지식을 예술과 연결시킨다'라는 점에서 의미가 있습니다. 또한 브살렐이 '하나님의 영으로 충만한 사람'으로 묘사되었다는 점도 주목할 만합니다. 사실 브살렐이라는 이름은 '하나님의 그늘 아래(in the very shadow of God)'라는 뜻입니다. 그는 성경에 묘사된 최초의 예술가일 뿐만 아니라 하나님의 영으로 충만했다고 알려진 최초의 인물입니다.

성경 곳곳에서 예술성을 발견할 수 있습니다. 브살렐은 '신성한(sacred) 예술의 아버지'라고 할 수 있지만, 유발(창 4:21 참조)은 '신성한(sacred) 음악의 아버지'라고 할 수 있습니다. 미리암(출 15:20-21 참조)과 다윗(삼하 6:5, 14 참조)은 주님 앞에서 춤을 추었고, 예수님은 목수이자 뛰어난 이야기꾼이었습니다. 솔로몬 성전의 설계와 건축 및 기타 다양한 예술 형식은 성경이 풍부한 신성한 예술의 창조와 공연으로 가득 차 있음을 다시 한 번 강조합니다.

우수성 대 완벽주의

어떤 사람들은 예배 아티스트의 행동이 너무 성과 중심적이라고 말할 수 있지만, 하나님을 위해 예배를 드리고 예배에서 다른 사람들을 하나님을 향해 격려하는 것은 본질적으로 잘못된 것이 아닙니다.[139] 그러나 예배 예술가가 회중 예배를 인도하기 위해 교회에 올 때 갈등이 발생합니다. 이러한 경우 회중은 예배가 자신들에 의한 것이 아니라 그들을 위해 행해지는 '공연'인 것처럼 느끼기 시작합니다. 이러한 성과 중심 예배의 느낌은 누가 예배를 인도하느냐에 따라 달라집니다. 예배 아티스트에게 더 적합한 환경은 회중 예배 모임이 아니라 축제 예배 모임입니다.

하나님께서는 특정한 사람들을 예배 아티스트로 부르십니다. 이 특별한 역할에 부름받은 사람들의 임무는 최선을 다해 그 소명을 완수하는 것입니다. 즉, 하나님을 모든 일의 중심에 두면서 자신의 기술을 탁월하게 발휘하고 그 기술을 구현하는 데 창의성을 발휘해야 합니다. 예배 아티스트는 자신의 소명을 이해하고 적절한 환경에서 봉사해야 합니다.

예배 아티스트는 자신의 기술에서 탁월함을 추구하는 데 집중한 결과 종종 완벽주의에 시달릴 수 있습니다.[140] 그들은 쉽게 부정적인 면을 극대화하고 긍정적인 면을 최소화할 수 있습니다. 찬양 인도자와 마찬가지로 계획에서 벗어난 부분이 있거나 공연에 문제가 발생하면 예배 인도자는 회복하는 데 어려움을 겪을 수 있습니다. 한 번의 실수로 전체 공연에 대한 기억이 흔들리는 경우가 종종 있습니다. 로리 놀랜드(Rory Noland)가 자신의 경험을 공유했습니다,

"몇 년 전 추수감사절 예배를 위해 오래된 찬송가를 편곡한 적이 있습니다. 다양한 형식으로 편곡했는데, 재미있으면서 경건한 분위기로 만들어야 했습니다. 그런데 제가 너무 느린 템포로 계산한 부분이 하나 있었는데, 밴드가 그 템포에 막혀서 빠져나올 수가 없었습니다. 편곡이 잘못된 빠르기로 연주된 것입니다. 실제로 얼마나 길었는지는 모르겠지만 제게는 영원처럼 느껴졌습니다. … 나머지 예배는 아주 잘 진행되었지만 그 짧은 부분(아이러니하게도 그 찬송가는 '축복을 세어라(Count Your Blessings)'였습니다) 때문에 우울하게 집으로 돌아갔습니다."[141]

우리 문화는 예술가들이 어떤 대가를 치르더라도 실수를 피하는 수준까지 기술을 추구하도록 장려해 왔습니다. 예술가들은 완벽을 추구하도록 배웠지만 이를 탁월함 추구라고 부릅니다. 마이클 바우어(Michael Bauer)는 이렇게 말합니다,

"현대 사회에서 완벽은 종종 탁월함과 혼동됩니다. 기독교 인류학의 관점에서 볼 때, 완벽은 하나님과 일치하지 않지만 궁극적으로 하나님과의 연합을 지향하는 인간의 실체를 반영하지 않기 때문에 이 세상 사람들에게 잘못된 기준입니다."[142]

탁월함과 완벽주의 사이의 혼동은 예배 예술가들이 항상 경계해야 합니다. 유혹은 우리가 무엇을 하도록 부름 받았는지, 누구에 의해 부

름 받았는지 잊어버리는 것입니다. 언젠가 한 찬양 집회에 갔었는데 리드 싱어가 인이어 모니터와 기타에 기술적인 문제가 있었던 기억이 납니다. 객석에서 무슨 일이 일어나고 있다는 것을 알 수 있었지만 저는 계속 음악을 즐기며 하나님께로 시선을 돌렸습니다. 하지만 갑자기 리드 싱어가 노래를 멈추고 갑자기 돌아서서 귀에서 인이어를 떼내고 기타를 기타 스탠드에 내려놓고 무대에서 내려왔습니다. 그는 노래를 끝내지도 못했습니다. 기술적인 문제가 있어서 화가 난 것이 분명했습니다. 저는 이 사람이 사람들을 하나님께로 인도하는 것이 아니라 공연이 중심이 되는 집회를 만들어 버린 것이 얼마나 안타까웠는지 기억합니다. 예배 아티스트는 자신의 기술을 활용하여 주님을 예배하고 다른 사람들도 그렇게 하도록 격려하는 소명을 기억해야 합니다. 공연에서 완벽함을 추구하는 것이 아니라 하나님의 영광을 위해 최선을 다하는 것입니다.

하나님은 완벽을 추구하지 않으십니다. 그분은 완벽한 제물을 원하시는 것이 아니라 불완전한 사람들이 드리는 전심전력의 예배를 원하십니다. 그렇다고 해서 예술가들이 특정한 탁월함의 기준에 얽매여서는 안 되며, 스스로를 붙잡아서는 안 된다는 뜻은 아닙니다. 우리는 실수가 무시되고 평범함이 옹호되는 '값싼 은혜(cheap grace)'를 드리고 싶지 않습니다. 우리는 하나님께 가장 훌륭한 예배 제물을 드리기 위해 노력해야 하지만, 완벽한 제물을 드리는 데 너무 매몰되어 애초에 예배의 초점을 놓쳐서는 안 됩니다. 예배 인도자의 목표는 하나님을 경배하는 방법으로 가장 훌륭한 제물을 하나님께 드리고 다른 사람들이 하나님을 예배하도록 격려하는 것입니다.

역할의 혼동

예배 아티스트와 교회 지도자가 예배 아티스트의 역할과 예배 인도자의 역할을 혼동할 때 문제가 발생합니다. 예배 인도자의 임무는 회중을 위해 예배를 드리는 것이 아니라 회중이 주님을 위해 예배를 드리도록 격려하는 것입니다. 따라서 회중은 예배를 드리는 연주자가 됩니다. 반면에 예배 아티스트는 개인적인 예배와 삶의 예배를 통해 다른 사람들이 주님을 예배하도록 격려하며 자신의 예술성을 발휘합니다. 때때로 축제 예배 모임 중에 예배가 진행되기도 하지만, 항상 그런 것은 아닙니다. 예배 아티스트의 주 임무는 관객[143]의 예배를 돕는 것이 아니라 관객이 스스로 예배를 드리도록 격려하는 방식으로 공연하는 것입니다.

여러분이 가장 좋아하는 예배 아티스트, 즉 돈을 내고 집회에 갈 만한 사람을 생각해 보십시오. 그들이 집회 중에 예배를 인도한다고 상상해 보십시오. 그리고 이제 객석의 많은 사람들이 팔짱을 끼고 따라 부르지 않는다고 상상해 보십시오. 그들이 예배에 참여하고 있지 않다는 것이 매우 분명합니다. 이것이 예배 아티스트에게 어떤 영향을 미칠까요? 예배 아티스트가 공연 중에 하는 일에 변화가 생길까요? 제가 직접 확인한 결과, 대답은 '아니오'입니다. 예배 아티스트는 리허설한 대로, 또는 앨범에 녹음된 대로 계속 노래를 부를 것입니다. 그들은 계획에서 거의 벗어나지 않을 것입니다. 청중을 더 많이 참여시키기 위해 더 열심히 노력할 수도 있지만, 그 정도는 아닙니다. 예배 집회가 끝난 후 그들은 "그건 '죽은 공간'이었어요."라고 말할 수 있습니다. 이것은 예배 인도자가 회중 모임에서 예배를 인도하는 것과는 정반대입니다. 주일 아침에 회중이 예배에 참여하지 않는 것이 분명하다면 예배 인도자는 계획을 변경해 회중이 예배에 참여할 수 있도록 도와야 합니다.

모임의 혼란

예배자들이 모임의 유형을 혼동하여 회중 모임을 예배 아티스트의 공연 장소로 바꾸는 경우가 너무 많습니다. 예배 아티스트는 주로 축제형 모임에서 예배를 인도합니다. 그러나 예배자들은 종종 축제형 모임에 참석하여 활력 넘치는 예배 경험에 매료되고, 교회 예배에서도 축제형 모임에서 경험한 예배를 모방하기를 원합니다. 교회 지도자들도 마찬가지입니다. 예배 아티스트는 재미있고 최고의 실력을 갖추고 있지만, 주일 아침 회중 모임은 예배 아티스트가 자신의 은사를 사용하기에 가장 적합한 장소가 아닙니다. 예배 아티스트는 방해가 되지 않고 회중이 예배를 드리는 데 도움을 줄 의도가 전혀 없습니다. 예배 집회 또는 축제 예배 모임 중에 예배 아티스트는 청중이 하나님을 예배하기 원하나요? 청중이 공연을 통해 격려와 축복을 받기 원하나요? 네, 물론입니다. 하지만 예배 아티스트는 주로 개인 예배와 삶의 예배를 장려합니다. 주일 아침 모임은 주님 안에서 형제자매들과 함께 팔을 맞잡고 목소리를 높여 주님이 행하신 일을 함께 찬양하는 시간, 즉 공동체 예배를 위한 것입니다. 회중은 예배의 출연자가 되고 하나님은 청중이 되십니다. 축제 예배 모임에서 예배 인도자는 공연자이고 사람들과 하나님은 관객입니다.

예배 인도자는 자신의 소명과 예배 모임의 차이점을 이해해야 합니다. 예배 아티스트는 반드시 주일 아침에 예배를 인도하도록 부름을 받은 것은 아닙니다. 예배 인도는 다른 접근 방식이며, 예배 아티스트는 회중 예배 모임의 주된 목적과 마찬가지로 회중을 통합하는 데 어려움을 겪는 경우가 많습니다.

이 장의 서두에서 언급했던 사역 컨퍼런스로 돌아가 보겠습니다. 저와 함께 컨퍼런스에 참석했던 한 교회 지도자가 한 세션이 진행되는 도중에 눈을 별처럼 반짝이며 저를 향해 "우리 교회의 예배는 이렇게 해야 합니다"라고 말했던 것이 기억납니다. 이 사람은 모임의 유형을 혼동한 것입니다. 우리는 컨퍼런스와 교회 예배는 서로 다른 두 가지 모임이라는 것을 기억해야 합니다. 예배 아티스트가 이끄는 예배가 반드시 예배 인도자가 이끄는 회중 예배를 위해 고안된 교회 예배에서 행해져서는 안 됩니다. 이 두 모임은 서로 다른 예배 모임이며 서로 다른 지도자의 소명입니다. 이 둘을 혼동해서는 안 됩니다. 그렇게 하면 사역에 좌절과 실망을 불러일으킬 수 있습니다.

- **예배 역할**: 예배 아티스트
- **예배 형태**: 개인, 삶의 예배
- **예배 모임**: 축제
- **주요 책임**: 그리스도의 몸을 세우고 하나님을 예배하는 여정을 격려하는 것.

18.
예배 목사(Worship Pastor)

> "영(spirit)의 땅에서는 다른 사람의 등불을 보고 걸을 수 없습니다. 당신은 내 등불을 빌리기 원합니다. 저는 차라리 직접 만드는 법을 가르쳐주고 싶습니다."
>
> 안토니 데 멜로(Anthony de Mello, 20세기 예수회)

다음 예배 지도자 역할의 제목에서 핵심 단어는 '목사'라는 단어입니다. 예배 목사의 주요 책임은 예배 사역에 참여하는 사람들과 회중을 돌보고 영적으로 양육하는 것입니다. 목양이라는 중요한 직무는 예배 목사의 핵심적인 책임입니다. 목양은 그리스도의 몸 전체에 헌신하는 동시에 제사장의 역할을 감당하는 지도자를 요구합니다.

제사장의 역할

예배 목사가 제사장의 역할을 맡는다는 생각은 구약성경에서 비롯되었습니다. 구약의 제사장은 스스로 임명된 것이 아니라 제사를 드리며 목숨을 바쳐 하나님을 섬기는 특정한 목적을 가지고 하나님의 선택을 받은 사람들이었습니다. 제사장이 된다는 것은 높은 소명이었습니다.

> "네가 그들에게 나를 섬길 제사장 직분을 위임하여 그들을 거룩하게 할 일은 이러하니 … 관유를 가져다가 그의 머리에 부어 바르고 그의 아들들을

데려다가 그들에게 속옷을 입히고 아론과 그의 아들들에게 띠를 띠우며 관을 씌워 그들에게 제사장의 직분을 맡겨 영원한 규례가 되게 하라 너는 이같이 아론과 그의 아들들에게 위임하여 거룩하게 할지니라 … 내가 그 회막과 제단을 거룩하게 하며 아론과 그의 아들들도 거룩하게 하여 내게 제사장 직분을 행하게 하며"(출 29:1a, 7-9, 44)

"여호와께서 아론에게 이르시되 너와 네 아들들과 네 조상의 가문은 성소에 대한 죄를 함께 담당할 것이요 너와 네 아들들은 너희의 제사장 직분에 대한 죄를 함께 담당할 것이니라 너는 네 형제 레위 지파 곧 네 조상의 지파를 데려다가 너와 함께 있게 하여 너와 네 아들들이 증거의 장막 앞에 있을 때 그들이 너를 돕게 하라 레위인은 네 직무와 장막의 모든 직무를 지키려니와 성소의 기구와 제단에는 가까이 하지 못하리니 두렵건대 그들과 너희가 죽을까 하노라 레위인은 너와 합동하여 장막의 모든 일과 회막의 직무를 다 할 것이요 다른 사람은 너희에게 가까이 하지 못할 것이니라 이와 같이 너희는 성소의 직무와 제단의 직무를 다하라 그리하면 여호와의 진노가 다시는 이스라엘 자손에게 미치지 아니하리라 보라 내가 이스라엘 자손 중에서 너희의 형제 레위인을 택하여 내게 돌리고 너희에게 선물로 주어 회막의 일을 하게 하였나니 너와 네 아들들은 제단과 휘장 안의 모든 일에 대하여 제사장의 직분을 지켜 섬기라 내가 제사장의 직분을 너희에게 선물로 주었은즉 거기 가까이 하는 외인은 죽임을 당할지니라"(민 18:1-7)

제사장의 책임은 구체적이었습니다. 뿐만 아니라 그 책임 또한 강력했습니다. 꼼꼼하게 수행하지 않으면 극단적인 결과를 초래할 수 있었습니다. 사제직은 높고 영광스러운 역할이었습니다. 결국 사제들은 사람들을 위해 제사를 드려야 했습니다. 그들은 하나님의 백성과 하나님 사이의 중개자 역할을 했습니다. 경외심을 불러일으키는 특권이자 엄

청난 책임이 아닐 수 없습니다.

하나님께서 세우신 제사장의 역할은 수 세기 동안 그대로 유지되었습니다. 신약성경에 이르러서야 제사장직에 변화가 생겼습니다. 대제사장 그리스도께서 죄를 위한 단번에 희생 제물이 되셨고(히 10:12), 더 이상 죄를 위한 희생 제물이 필요 없게 되었습니다(히 10:26). 베드로는 제사장들이 성전에서 제사를 드렸던 것처럼, 하나님께서 그리스도인들을 선택하셨음을 분명히 밝힙니다.

> "예수 그리스도로 말미암아 하나님이 기쁘게 받으실 신령한 제사를 드릴 거룩한 제사장이 될지니라 … 그러나 너희는 택하신 족속이요 왕 같은 제사장들이요 거룩한 나라요 그의 소유가 된 백성이니 이는 너희를 어두운 데서 불러 내어 그의 기이한 빛에 들어가게 하신 이의 아름다운 덕을 선포하게 하려 하심이라"(벧전 2:5b, 9)

하나님의 선택을 받아 제사장이 되는 것은 특권이었으며, 이 구절에 따르면 모든 신자는 하나님의 선택을 받았다는 것을 알 수 있습니다. 구약의 성막과 성전에는 제사장만 갈 수 있는 장소가 있었습니다. 특히 성막의 가장 거룩한 곳, 두꺼운 휘장 뒤에 있는 지성소는 대제사장만이 들어갈 수 있는 특별한 장소였고, 그마저도 일 년에 단 한 번, 모든 사람을 대신해 속죄제를 드리는 대속죄일에만 들어갈 수 있었습니다. 그러나 예수님께서 갈보리 십자가에서 죽으심으로 인해 휘장이 찢어져 모든 신자들이 위대한 대제사장 예수 그리스도를 통해 하나님의 보좌에 직접 다가갈 수 있게 되었습니다(히 4:14~16 참조). 지상의 어떤 제사장을 통하지 않고 하나님의 보좌에 직접 다가갈 수 있다는 것이 얼마나 큰 특권인지 모릅니다.

> "모든 믿는 자의 제사장직은 … 성도의 공동체 안에서 하나님께서는 우리 모두가 서로에게 제사장이 되도록 그분의 몸을 지으셨다는 것을 의미합니다. 모든 신자의 제사장직은 개인의 지위보다는 신자의 봉사와 더 관련이 있습니다. 우리는 모두 신자 제사장입니다. 우리 모두는 하나님 앞에 동등하게 서 있습니다. 이러한 입장은 특정한 은사나 소명을 부정하지 않습니다. 오히려 우리 각자가 개인적으로나 집단적으로 몸을 세우기 위해 각자의 역할을 다할 때 우리의 은사를 강화하게 됩니다(엡 4:11-16). 우리는 모두 제사장입니다. 우리 모두에게 책임이 있습니다."[144]

신자의 제사장직은 대부분의 기독교인이 받아들이는 필수적인 기독교 교리이지만, 목회자, 우리의 경우 예배 담당 목회자가 맡아야 하는 제사장적 역할도 있습니다. 이 역할은 그리스도의 몸 안의 모든 사람이 평등하기 때문에 우월한 위치에서 행사되어서는 안 됩니다.[145] 그러나 명령의 관계는 성경적일 뿐만 아니라 공동체로 살아가는 사람들에게도 필수적입니다. 다윗이 이스라엘을 이끌게 된 것은 하나님께서 어떻게 '하위 목자(under-shepherds)'를 사용하여 그의 백성들을 감독하시는지를 보여줍니다. 히브리서의 저자는 아론에게까지 거슬러 올라가는 모델을 제시합니다

> "대제사장마다 사람 가운데서 택한 자이므로 하나님께 속한 일에 사람을 위하여 예물과 속죄하는 제사를 드리게 하나니 그가 무식하고 미혹된 자를 능히 용납할 수 있는 것은 자기도 연약에 휩싸여 있음이라 그러므로 백성을

위하여 속죄제를 드림과 같이 또한 자신을 위하여도 드리는 것이 마땅하니라 이 존귀는 아무도 스스로 취하지 못하고 오직 아론과 같이 하나님의 부르심을 받은 자라야 할 것이니라"(히 5:1-4)

그리스도의 몸에 대한 헌신

예배 목사는 하나님과 그분의 사람들을 섬길 때 그리스도의 몸에 온전히 헌신해야 합니다. 앞서 살펴본 것처럼, 그리스도의 몸은 다양한 문화와 민족, 연령대의 사람들로 구성되어 있습니다. 예수님께서 모든 신자의 일치를 위해 기도하신 것처럼(요 17:20-21), 지도자는 회중의 일치를 위해 노력해야 합니다. 문제는 많은 사람들이 일치를 동일성과 혼동한다는 것입니다. 하나가 된다는 것은 같거나, 또는 같은 것을 좋아하는 것을 의미하지 않습니다. 그 대신 교회는 다양성 가운데서 일치를 이루도록 부름받았습니다.

예배 목사는 그리스도의 몸이 영적으로 형성될 수 있는 환경을 제공하는 데 관심이 있습니다. 예배를 드리는 가운데 우리는 하나님께 더 가까이 나아갑니다. 따라서 예배를 인도한다는 것은 신학을 가르친다는 뜻입니다. 우리는 예배를 통해 하나님에 대해 더 많이 알아야 합니다. 이것은 예배를 준비하는 사람들에게 중요한 고려 사항입니다. 예배를 인도할 때 우리는 회중들의 입술과 마음에 말씀과 생각을 심는 것입니다. 존 위트블리트(John Witvliet)는 이렇게 말합니다,

"예배 인도자로서 우리는 사람들의 입술에 기도의 말씀을 올려놓는 중요하고도 두려운 임무를 맡고 있습니다. 우리가 노래를 선택하고 기도문을 쓸

때마다 이런 일이 일어납니다. 우리는 또한 하나님의 말씀의 청지기가 되는 거룩한 임무를 가지고 있습니다. 예배에서 어떤 성경 구절을 읽고 어떤 주제를 다룰지 선택하는 것은 사람들의 영적 식단, 즉 생명의 떡인 하나님의 말씀을 어떻게 먹느냐에 대한 어느 정도의 통제권을 나타냅니다. 이와 같은 거룩한 일을 위해 교회에는 전문가, 코디네이터, 공연자 이상의 사람이 필요합니다. … 교회에는 예배를 계획하고 인도할 목회적인 사람들이 필요합니다."[146]

그래서 질문해야 할 것은 "내가 교회를 위해 선택하는 예배 요소에 대해 목회적으로 생각하고 있는가?"입니다.

목회 음악가(Pastoral Musician)

교회 예배의 모든 부분은 목회적 렌즈를 통해 살펴봐야 합니다. 잠시 시간을 내어 예배의 음악적 측면에 대해 집중해 보겠습니다. 이 부분은 교회에서 도움이 절실히 필요하다고 생각하는 분야 중 하나입니다. 우리는 예배에서 음악을 선택할 때 목회적으로 생각하고 있나요? 이것은 목회 음악가가 특별한 방식으로 음악을 생각할 때 물어봐야 할 중요한 질문입니다. 콘스탄스 체리(Constance Cherry)는 "목회 음악가는 하나님께 영광을 돌리는 최고의 목적을 위해 신학적, 상황적, 문화적 고려 사항을 반영하면서 예배에서 예전에 도움이 되는 음악을 선택하고 사용할 수 있는 숙련된 기술과 하나님이 주신 책임을 가진 지도자입니다."[147] 그리고 예배 계획에 관한 자신의 책에서 목회 음악가를 위한 고려 사항 목록을 다음과 같이 제시합니다.[148]

그들은 기독교 신앙을 받아들이고 실천합니다.

영적으로 성숙해져 있습니다.

예배 사역에 대한 소명 의식이 있습니다.

음악과 예배 사역에 주된 책임이 있습니다.

음악과 예전의 관계를 이해합니다.

음악이 말씀의 부속물이라는 것을 이해합니다.

그들은 하나님과 다른 사람들에게 탁월함에 대한 책임이 있습니다.

예배의 더 큰 목적, 교회력, 정통 예식 등에 민감하게 반응하며 자신의 직무를 총체적으로 바라봅니다.

신앙 공동체와 그 공동체 내에서 음악이 담당하는 역할의 특수성을 이해합니다.

음악을 위한 음악이 아니라 더 큰 목적을 위해 음악을 선택하고 사용합니다.

이들은 음악을 통해 진리를 선포하고 진리에 반응해야 하는 기독교 공동체의 필요성을 고려합니다.

이들은 주로 수동적으로 수용되는 음악이 아니라 모든 예배자를 참여시키는 음악에 관심이 있습니다.

그들은 예배자를 청중의 역할에서 적극적인 참여자의 역할로 옮기려고 노력합니다.

그들은 문체뿐만 아니라 음색까지 폭넓은 노래에 관심이 있습니다.

그들은 복음이 기쁨에서 슬픔에 이르기까지, 위로를 주는 것에서 죄책감을 주는 것까지 다양한 감정을 불러일으킨다는 것을 이해합니다.

그들은 신학적으로 분별력이 있습니다.

그들은 예배 공동체가 창조부터 종말에 이르기까지 하나님의 전체 이야기를 노래하도록 돕습니다.

목회 음악가는 예배의 음악 부분이 예배의 다른 예배 요소와 함께 작용하여 회중에게 하나님의 이야기를 재현하고 그분이 자신을 계시하신 방식에 응답할 수 있는 기회를 제공한다는 것을 이해합니다. 목회 음악가가 가장 먼저 생각하는 것은 "예배의 요소를 통해 예배자들이 어떻게 영적으로 형성되고 있는가?"라는 질문입니다. 이 질문이 예배 목회자의 핵심 질문입니다.

우리는 주일을 목회 사역의 주요 날로 생각하지만, 예배 목사의 주요 책임 중 많은 부분이 주일에 일어나지 않을 수도 있습니다. 저 역시 예배 담당 목사로서 사역의 대부분은 주일 오전 예배 외의 시간에 이루어집니다. 예배 목사는 하나님께서 맡겨주신 사람들을 돌보고, 상담하고, 기도할 기회를 찾습니다. 이는 주중에 팀이 리허설에 모여 서로를 위해 기도할 때 발생할 수 있습니다. 병실, 추도식, 결혼식 등 다양한 장소에서 예배를 드릴 수 있습니다.

예배 목사는 일반적으로 교단에서 안수를 받거나 교회에서 사역 허가를 받은 사람입니다. 이 특권을 통해 예배 목사는 회중과 공동체를 돌보는 방법으로 결혼식, 추모식 및 기타 공식 행사를 집례할 수 있습니다.

전반적으로 예배 목사의 주요 기능은 양떼를 돌보고 목양하면서 사역을 위해 하나님의 사람들을 훈련하고, 멘토링하고, 무장시키는 것입니다. 그들은 장로의 자격을 가지고 있습니다. 따라서 예배에서 회중을 인도하는 것 외에도 상담, 병원 방문 및 회중 돌봄과 같은 목회적 의무를 수행합니다.

존 위트블리엇(John Witvliet)의 말로 이 장을 마무리하겠습니다.

"교회에 가장 필요한 것은 또 다른 찬송가, 새로운 음향 시스템, 개정된 기도서, 출판된 또 다른 대본이 아닙니다. 교회에 가장 필요한 것은 예배 기획자와 인도자로서의 일을 거룩하고 목회적인 소명으로 여기는 분별력 있고 기도하며 기쁨으로 일하는 사람들입니다."[149]

- **예배 역할: 예배 목사**
- **예배 형태: 개인, 공예배 및 삶의 예배**
- **예배 모임: 개인, 가족, 회중 및 축제**
- **주요 책임: 회중을 돌보고 목양하면서 하나님의 사람들을 훈련하고, 멘토링하고, 무장시키는 것**

결론

> "기도와 찬양의 노(oars, 櫓)는 사람이 그리스도를 아는 지식의 깊은 물로 배를 저어 갈 수 있게 한다."
>
> 찰스 H. 스펄전(Charles H. Spurgeon)

역대하 25장에는 29년 동안 예루살렘을 다스린 아마샤라는 왕에 대한 이야기가 나옵니다. 그는 선한 왕이었으며 하나님 보시기에 옳은 일을 했습니다. 하지만 여기서 중요한 점은 그가 "아마샤가 여호와께서 보시기에 정직하게 행하기는 하였으나 온전한 마음으로 행하지 아니하였더라"(대하 25:2)는 것입니다. 아시다시피 아마샤는 대부분 하나님께 순종했습니다. 그는 하나님을 어느 정도 예배했습니다. 그는 더 나은 것이 나타날 때까지 하나님을 섬기는 데 평생을 바쳤습니다. 그는 모든 올바른 노래를 부르고 모든 올바른 말을 했지만 전심으로 하지 않았습니다.

반대로 성경은 여호수아가 다른 두 명 중 한 명인 갈렙이라는 사람이 열 명의 남자와 맞서 싸울 만큼 담대하고 주님의 인도하심을 믿고 약속의 땅으로 나아간 사람에 대해 이야기합니다. 갈렙에 대해 가장 인상 깊게 다가오는 것은 성경에서 그를 묘사하는 방식입니다. 갈렙은 성경에서 반복해 주님을 온전히 전심으로 따랐다고 말하는 유일한 구약 인물입니다(민 14:24, 32:12, 신 1:36, 수 14:8, 9, 14 참조).

예배할 때 여러분은 아마샤처럼 예배하나요, 아니면 갈렙처럼 예배하나요? 마음을 다해 예배를 드리나요? 하나님이 누구이신지, 그리고 그분이 나를 위해 행하신 일에 응답할 때 내 모든 것을 드리나요? 하나님을 있는 그대로 볼 때 우리는 우리 자신을 있는 그대로 보아야 합니다. 이사야는 보좌에 앉으신 하나님을 보았을 때, "그 때에 내가 말하되 화로다 나여 망하게 되었도다 나는 입술이 부정한 사람이요 나는 입술이 부정한 백성 중에 거주하면서 만군의 여호와이신 왕을 뵈었음이로다 하였더라"(사 6:5)라고 외쳤습니다. 애니 딜라드(Annie Dillaed)는 에세이 '극지 탐험(Expedition to the Pole)'에서 이렇게 묻습니다,

> "왜 교회 사람들은 절대자에 대한 단체 여행을 떠나는 쾌활하고 멍청한 관광객처럼 보일까요? … 우리가 무심코 불러내는 힘이 어떤 종류의 힘인지 아는 사람이 있을까요? 아니면 내가 의심하는 것처럼 아무도 그것을 믿지 않나요? 교회는 주일 아침을 죽이기 위해 화학 세트를 가지고 바닥에서 놀면서 TNT 폭탄 한 묶음을 섞어 놓은 아이들입니다. 여성용 밀짚모자와 벨벳 모자를 쓰고 교회에 가는 것은 미친 짓이며, 우리 모두는 안전모를 써야 합니다. 안내자는 구명조끼와 신호탄을 지급하고 우리를 좌석에 묶어야 합니다. 잠자는 신(god)이 언젠가 깨어나서 화를 낼 수도 있고, 깨어 있는 신이 우리를 다시는 돌아올 수 없는 곳으로 이끌 수도 있기 때문입니다."[150]

하나님이 당신을 드러내실 때 우리는 예배 외에는 아무것도 할 수 없습니다. 당신은 예배할 때 다른 모든 것을 제쳐두고 전능하신 하나님, 여러분의 주님이시자 구세주께 집중하시나요? "네 마음을 다하고 목숨을 다하고 뜻을 다하고 힘을 다하여 주 너의 하나님을 사랑하라 하

신 것이요"는 마가복음 12장 30절을 실천하고 있나요? 예배할 때 우리는 마음의 일부가 아니라 전부를 다해야 합니다. 청교도 스티븐 차녹(Steven Charnock)은 이렇게 말합니다,

> "마음이 없으면 그것은 예배가 아니며, 무대 연극이고, 실제로 그 사람이 되지 않고 배역을 연기하는 위선자입니다. 우리가 완벽함을 원한다 해도 하나님을 진정으로 예배한다고 말할 수 있지만, 진정성이 부족하다면 하나님을 예배한다고 말할 수 없습니다.… 음악가 루티니스트(lutinist)가 한 곡을 연주하면서 다른 곡을 부르는 것이 터무니없는 것처럼, 우리의 입술로 하나님 한 분께 말하고 마음으로 다른 것을 생각하는 것은 더러운 일입니다."[151]

아삽(Asaph)은 다윗 왕이 이스라엘 백성들을 예배로 인도하도록 지명한 예배 인도자 중 한 사람이었습니다. 아삽이 지은 시는 열두 편입니다. 시편 77편에서 발견되는 그의 진실한 예배에 주목하십시오.

> "곧 여호와의 일들을 기억하며 주께서 옛적에 행하신 기이한 일을 기억하리이다 또 주의 모든 일을 작은 소리로 읊조리며 주의 행사를 낮은 소리로 되뇌이리이다 하나님이여 주의 도는 극히 거룩하시오니 하나님과 같이 위대하신 신이 누구오니이까 주는 기이한 일을 행하신 하나님이시라 민족들 중에 주의 능력을 알리시고"(시 77:11-14)

이 책을 통해 우리는 예배의 기초에 관한 질문에 해답을 얻었습니다. 우리는 모든 그리스도인이 실천해야 할 개인예배, 공예배, 삶의 예배의 세 가지 방법을 살펴보았습니다. 네 가지 종류의 예배 모임과 각 모임의 목적을 살펴보았습니다. 그리고 네 가지 예배 지도자의 역할과 각

역할에 수반되는 구체적인 소명에 대해서도 소개했습니다. 이번 탐구를 통해 하나님을 예배하는 방법을 더 잘 이해하고, 다른 사람들이 하나님을 예배하도록 이끄는 하나님의 소명을 완수하는 데 도움이 되었기를 기도합니다.

지극히 높으신 하나님을 예배할 때, 아삽의 인도를 따라 경외심과 경건함으로 예배에 헌신하시기 바랍니다. 다른 모든 것은 다 잊어버리고 모든 것이신 그분께 집중합시다.

담임 목회자와 교회 지도자에게 드리는 글

사역의 가장 큰 기쁨 중 하나는 그리스도의 몸의 지체를 하나님께서 부르신 방식으로 사역하도록 내보낼 수 있다는 것입니다. 교회 지도자로서 우리는 지체들이 열정과 부르심에 따라 봉사할 수 있도록 훈련하고, 멘토링하고, 무장시킬 책임이 있습니다. 교회에서 봉사하는 것은 부름을 받은 사람들의 직업이지만, 그리스도의 몸의 지체들은 하나님께서 각자의 삶에 부여하신 소명을 완수해야 합니다.

예배에서 회중을 인도할 때 그 사람의 소명과 적합성을 고려하는 것이 중요합니다. 예배 지도자로 부름받은 사람에게는 교회나 사역 단체에서 '적합한 자리'를 찾는 것보다 더 큰 기쁨은 없습니다. "자신이 하는 일을 사랑하면 평생 하루도 일하지 않을 수 없다"라는 말이 있습니다. 자신의 삶에 대한 주님의 부르심을 따라 올바른 곳에서 순종할 때 깊은 만족과 성취감을 느낄 수 있습니다. 반대로, 비현실적인 기대를 가지고 잘못된 역할에서 봉사하는 것보다 더 큰 좌절감은 없습니다. 이런 일이 발생하면 만족감이나 기쁨, 성취감 없이 일만 하는 것처럼 느껴지기 시작합니다.

이 책의 자료가 예배 지도자 역할을 맡고 있는 분들뿐만 아니라 정치와 교회 구조를 결정하는 교회 지도자들에게도 도움이 되었으면 하는 바람입니다.

예배 인도자를 지원하는 가장 좋은 방법은 명확한 기대치를 설정하고 정기적으로 소통하는 것입니다. 정기적으로 시간을 내어 예배 인도자와 함께 앉아 교회의 예배 철학과 예배 인도자에게 기대하는 바에 대해 논의하십시오. 이 시간을 예배 인도자를 격려하는 데 사용하시기 바랍니다. 예배 인도자는 회중이 하나님과 만나는 시간을 돕는 교회에서 가장 중요한 직무를 맡고 있습니다. 여러분도 잘 아시다시피, 이것이 항상 쉬운 일은 아닙니다. 결코 가볍게 여겨서는 안 되며, 그 과정에서 많은 격려와 지원이 필요합니다.

예배 인도자를 초청하기 전에 이 책에 소개된 예배 지도자의 역할을 기도하는 마음으로 생각해 보십시오. 예배 인도자, 찬양 인도자, 예배 아티스트, 예배 목사. 여러분의 교회는 어떤 역할을 원하나요? 더 좋은 방법은 교회에 어떤 역할이 필요한가요? 어떤 교회는 여러 역할을 맡아서 예배 지도자 팀을 구성할 수 있습니다. 예배 목사는 전체 예배 사역을 감독하며 주로 회중뿐만 아니라 사역에 참여하는 사람들의 영적 건강을 돌보는 역할을 합니다. 예배 인도자는 교회 예배에서 예배를 인도하거나 찬양 인도자가 예배의 음악적인 부분을 인도하고 다른 예배 인도자(예배 목사, 장로, 부목사, 담임 목사)는 기도, 성경 낭독 및 기타 예배의 요소에서 회중을 이끌고 예배를 인도합니다. 여러분의 교회가 어떤 상황에 처해 있든, 저는 여러분과 여러분의 교회가 역할의 차이를 파악하고 어떤 것이 여러분의 교회에 가장 적합한지 기도하는 마음으로 고려하기를 기도합니다.

목사님, 예배 인도자의 역할을 명확히 이해하면 예배 인도자와의 원활한 협력 관계가 형성될 것입니다. 목사님과 교회에 어떤 역할이 필요한지를 파악한 후에는 잠재적인 예배 인도자에게 이를 전달할 수 있습니다. 교회에서 예배의 음악적인 부분만 이끌고 기도, 성경 낭독 등은 담당하지 않을 사람이 필요한 경우, 예배 인도자를 고용하기 전에 이 사실을 예배 인도자에게 전달하십시오. 이렇게 하면 앞으로 많은 머리와 마음의 고통을 줄일 수 있습니다. 예배 인도자로 하나님의 부르심을 받은 사람을 면접할 때, 그 사람이 찬양 인도자가 되기를 기대한다면 여러분과 당사자 모두에게 좌절감을 안겨줄 것입니다. 모든 예배 인도자 역할도 마찬가지입니다. 예배 인도자가 찬양뿐만 아니라 찬양과 찬양 사이에 있는 예배 순서도 인도하기를 원한다면, 예배 인도자로 부름받은 사람을 예배 인도자로 고용해야 합니다. 이 사람은 기도문을 생각하고 준비하는 마음이 있고, 성경 낭독을 창의적으로 표현할 수 있으며(반응형, 회중형 등), 예배의 각 요소를 음악만큼이나 중요하게 여길 것입니다. 예배 목사를 원한다면 음악과 예술을 넘어 회중을 돌보는 데 깊은 열정을 가진 사람을 고용해야 합니다. 이 사람은 상담 기술과 경청하는 귀를 가지고 있어야 합니다. 찬양 밴드가 최고 품질의 인이어 모니터를 가지고 있는지 여부가 아니라 회중의 영적 건강에 주로 관심을 가져야 합니다.

한 가지 주의할 점은 지난 수십 년 동안 많은 교회에서 예배 아티스트를 고용하여 회중 예배를 인도해 왔습니다. 이는 실수입니다. 17장에서 살펴본 바와 같이 예배 아티스트는 주로 개인 예배와 삶의 예배를 담당합니다. 주일 아침 모임은 회중 예배에 초점을 맞춘 회중 예배 모임입니다. 회중은 그들을 위해 예배를 인도할 아티스트가 필요하지 않습니다. 예배를 인도할 예배 인도자가 필요합니다. 저는 주일 오전 예배에서 예배 인도자 대신 예배 아티스트를 회중을 인도하는 역할에 배치하는 것은 예배 모임에서 예배 인도자 역할을 잘못하는 완벽한 예라고 생각합니다.

  목사님, 저는 이것을 사후 대응보다는 사전 대응으로 요약할 수 있을 것 같습니다. 교회의 예배 인도자를 결정할 때는 구체적인 질문을 통해 사역에 대한 열정과 소명에 대해 알아보십시오. 예배 인도자의 주된 임무가 예배 CD를 녹음하고, 교회에 새로운 방문자들을 끌어들이는 수준의 음악을 연주하고, 금요일 밤에 아웃리치 콘서트를 제공하는 것이라면, 아마도 예배 인도자는 주일 아침 예배에 필요한 예배 아티스트가 아니라 회중이 필요로 하는 예배 인도자일 것입니다. 이 길은 걷기 어려운 길이며 많은 분별력이 필요한 길입니다. 여러분을 위해 기도하겠습니다.

추천 자료

● 웹사이트/블로그/음악

1. 예배 퀘스트 미니스트리(Worship Quest Ministries):

   www.worshipquestministries.com

   '예배 퀘스트 미니스트리'는 교회 내 예배 갱신을 장려하고 강화하기 위해 만들어졌습니다. 회중 예배에 대한 자료와 정보를 찾을 수 있습니다.

2. '예배를 위한 로드맵'(Roadmaps For Worship):

   www.roadmapsforworship.com

   짐 알타이저(Jim Altizer) 박사는 예배 인도자를 위한 교육적이고 실용적인 자료를 제공하는 웹사이트를 개발했습니다.

3. 월트 하라(Walt Harrah):

   www.waltharrah.com

   회중 예배를 위한 예배 대본과 음악 자료.

4. 키스(Keith)와 크리스틴 게티(Kristyn Getty):

   www.gettymusic.com

   현대 찬송가 작사가인 키스 게티와 크리스틴 게티의 음악과 자료.

5. '더 나은 예배'(Worship Better):

   www.worshipbetter.com

   교회에서 회중이 부를 노래를 어떻게 선택하나요? 노래의 핵심, 인기도 또는 라디오 플레이를 기준으로 하나요? 'Worship Better'는 신학적, 음악적, 서정적 고려 사항에 따라 노래를 선택할 수 있도록 도와드립니다.

6. 찬송가(Hymnary):

www.hymnary.org

찬송가와 찬송가 곡을 위한 종합적인 리소스로, 5,000개 이상의 찬송가에 수록된 찬송가를 포함합니다.

7. '예배 커뮤니티'(The Worship Community):

www.theworshipcommunity.com

이 사이트의 포럼은 특히 도움이 될 수 있습니다.

8. '주간 성경'(Weekly Scripture):

www.textweek.com

성경 읽기, 기도문 및 강해에 기초한 다양한 자료가 있는 온라인 자료입니다.

● 예배 교육

1. 칼빈 기독교 예배 연구소(Calvin Institute for Christian Worship):

www.worship.calvin.edu

존 위트블리엣이 감독하는 칼빈 기독교 예배 연구소는 매년 훌륭한 예배 심포지엄(컨퍼런스)을 제공합니다. 그들의 웹사이트는 다양한 자료를 제공합니다.

2. 로버트 E. 웨버 예배 대학원(The Robert E. Webber Institute for Worship Studies):

www.iws.edu

'로버트 E. 웨버 예배 연구소'는 성경적, 역사적, 신학적, 문화적, 선교학적 성찰에 기초한 대학원 학문적 실천을 통해 기독교 예배 갱신과 교육 분야의 서번트 리더를 양성하기 위해 존재합니다.

● 책꽂이에 꽂아두어야 할 예배 관련 책 10권

1. 짐 알타이저(Jim Altizer)의 예배 인도자 만들기(The Making Of A Worship Leader)

2. 해롤드 베스트(Harold Best)의 끊임없는 예배: 예배와 예술에 대한 성경적 관점(Unceasing Worship: Biblical Perspectives on Worship and the Arts)

3. 브라이언 채플(Bryan Chapell)의 그리스도 중심적 예배: 복음이 우리의 실천을 형성하게 하기(Christ-Centered Worship: Letting the Gospel Shape Our Practice)

4. 콘스탄스 체리(Constance Cherry)의 예배 건축가: 문화적으로 성경적으로 충실한 예배를 디자인하기 위한 청사진(The Worship Architect: A Blueprint for Designing Culturally and Biblically Faithful Services)

5. 마르바 던(Marva Dawn)의 거룩한 "시간 낭비" 예배: 하나님을 예배하고 세상을 위한 교회가 되는 것의 광채(A Royal "Waste" of Time: The Splendor of Worshiping God and Being Church for the World)

6. 데이비드 피터슨(David Peterson)의 하나님과의 관계 맺기: 성경적 예배 신학(Engaging With God: A biblical Theology of Worship)

7. 앨런 P. 로스(Allen P. Ross)의 영광의 소망을 회상하며 동산에서 새로운 창조에 이르는 성경적 예배(Recalling the Hope of Glory: Biblical Worship from the Garden to the New Creation)

8. A. W. 토저(Tozer)의 예배에 무슨 일이 일어 났습니까? 참된 예배로의 부르심(Whatever Happened to Worship?: A Call to True Worship)

9. 로버트 E. 웨버(Robert E. Webber)의 고대-미래 예배: 하나님의 내러티브 선포와 제정(Ancient-Future Worship: Proclaiming and Enacting God's Narrative)

10. 달라스 윌라드(Dallas Willard)의 마음의 혁신: 그리스도의 성품 입기
   (Renovation of the Heart: Putting on the Character of Christ)

● 기타 주목할 만한 자료

1. 매일 기도문(The Book of Daily Prayer), 로버트 웨버(Robert E. Webber) 지음

매일의 기도서는 일 년 내내 매일의 기도에 대한 편리한 가이드를 제공하여 일관되고 유익한 예배에 기초한 기도의 생활 방식을 장려합니다.

2. 예배 자료집

예배 자료집은 전통 및 현대 교회 예배에 사용할 수 있는 가장 실질적인 자료 중 하나입니다. 아름답게 준비된 기도문, 감동적인 예식, 유용한 예배 계획으로 가득 찬 예배 자료집은 예배 스타일을 바꾸지 않고도 자료를 새롭게 바꾸고자 하는 모든 교회에 필수적인 도구입니다. 자세한 것을 아래를 참조하세요.
http://www.reformedworship.org/article/march-2004/well-chosen-words-introducing-worship-sourcebook

(아래의 선택된 자료 섹션에서 추가 제안을 참조하세요.)

부록 1
예배의 정의

- "예배는 우리가 하나님의 가치를 선포하는 하나님에 대한 적극적인 반응이다."
  로널드 앨런(Ronald Allen)

- "예배는 삼위일체 하나님의 자기 계시에 대한 인간의 반응이다."
  로버트 베이트먼(Robert Bateman)

- "예배는 누군가 또는 다른 어떤 존재가 더 위대한 존재임을 인정하는 것이며, 그 결과 순종하고 두려워하고 예배하는 것이다. 예배는 누군가 또는 무언가에 나를 온전히 내어줌으로써 내가 그것에 지배되기를 원한다는 표시이다."
  해롤드 베스트(Harold Best)

- "예배는 신성한 주권자 앞에서, 그분의 은혜로운 계시에 응답하고 그분의 뜻에 따라 복종하고 경의를 표하는 경건한 인간의 행위이다."
  댄 블록(Dan Block)

- "예배는 하나님이 시작하고, 하나님이 승인하고, 그의 신성한 계시에 대한 은사적인 반응이다."
  매트 보스웰(Matt Boswell)

- "예배는 그분이 모든 미덕, 정의, 거룩, 지혜, 진리, 능력, 선하심, 자비, 생명, 구원의 유일한 원천이심을 인정하는 것이다."
  존 칼빈(John Calvin)

- "예배는 모든 도덕적이고 지각 있는 존재가 하나님에 대한 적절한 반응이며, 창조주 하나님이 합당하고 기쁘게 그렇게 하시기 때문에 모든 영예와 가치를 창조주 하나님께 돌리는 것이다."　　　　　　　　　　　　D. A. 카슨(Carson)

- "예배는 하나님께서 주신 최고의 것을 하나님께 드리는 것이다."
　　　　　　　　　　　　　　　　　　　　오스왈드 챔버스(Oswald Chambers)

- "예배는 하나님의 무한한 위엄에 대한 피조물의 예배하는 반응이다."
　　　　　　　　　　　　　　　　　　　로버트 E. 콜맨(Robert E Coleman)

- "기독교 예배는 하나님의 부르심에 대한 인간의 응답이며, 그리스도의 구속 행위에서 절정을 이루는 하나님의 '권능의 행위'이다."
　　　　　　　　　　　　　　　　　　　　조지 플로로프스키(George Florovsky)

- "예배는 아버지의 마음에서 나오는 사랑의 찬송에 대한 우리의 응답이다."
　　　　　　　　　　　　　　　　　　　　　　리차드 포스터(Richard Foster)

- "예배는 하나님이 누구이신지, 그리고 그분이 행하신 일에 대한 개인적, 공동체적 우리의 응답이며, 우리가 말하는 것과 우리가 사는 방식에 의해 표현된다."
　　　　　　　　　　　　　　　　　　　　　　루이 기글리오(Louie Giglio)

- "예배는 성경에서 스스로 계시하신 하나님과 충분한 응답의 기회를 가지고 온전히 대면하는 것이다. 예배는 하나님에 대한 모든 합당한 응답이다."
　　　　　　　　　　　　　　　　　　　　　도널드 휴스타드(Donald Hustard)

- "기독교 예배는 성령의 능력으로 우리의 마음과 정서와 의지 안에서 그리스도 안에서 하나님의 영광을 높이는 하나님의 자기 계시에 대한 구속받은 사람들의 반응이다."　　　　　　　　　　　　　　　　　밥 카우플린(Bob Kauflin)

- "예배는 하나님이 우리를 기뻐하시고 우리가 하나님을 기뻐하는 것이다. 예배는 아버지와 자녀의 관계에 대한 응답이다."

  그래함 켄드릭(Graham Kendrick)

- "예배는 우리의 창조주이자 구원자를 전심으로 열정적으로 예배하는 것이다."

  탐 크라우터(Tom Kraeuter)

- "예배는 하나님께 그분의 가치를 선포하고 그분이 누구이신지, 그분이 하신 일을 확증하며 찬양과 경배와 감사와 경외함으로 그분께 응답하는 행위이다."

  배리 리쉬(Barry Liesch)

- "예배는 하나님의 "가치"가 인간 생활의 표준과 영감이 되는 방식으로 하나님의 최고의 가치를 높이 찬양하는 것이다."

  랄프 P. 마틴(Ralph P. Martin)

- "예배는 하나님의 임재에 대한 우리의 반응이다."

  로리 놀랜드(Rory Noland)

- "예배는 하나님의 장엄하심에 대한 예배하는 마음의 반응이다. 가장 높은 의미에서 예배는 피조물이 창조주 하나님과 함께 하는 것이다. 예배는 다른 모든 이름 위에 계신 분을 높이는 순수한 기쁨이다."

  론 오웬스(Ron Owens)

- "살아계시고 참되신 하나님을 예배하는 것은 본질적으로 그분이 제안하신 조건과 그분만이 가능하게 하시는 방식으로 그분과의 관계를 맺는 것이다."

  데이비드 피터슨(David Peterson)

- "예배는 우리의 영혼이 하나님을 경배하는 마음으로 하나님 앞에 엎드리는 것이다."   아더 핑크(Arthur Pink)

- "예배는 예수 그리스도의 인격과 그분의 강력한 구속 행위 안에 계시된 신격의 충만함을 인식하고 성령의 능력으로 살아계신 하나님께 마땅히 드려야 할 영광과 존귀와 복종을 구하는 신자의 새로운 삶의 활동이다."   로버트 레이번(Robert Rayburn)

- "예배는 아버지 하나님께서 그리스도 안에서 자신과 그분의 사랑을 계시하시고, 그분의 성령으로 우리가 믿음과 감사와 순종으로 응답하는 은혜를 베푸시는 관계의 표현이다."   로버트 샤퍼(Robert Schaper)

- "예배한다는 것은 하나님의 거룩하심으로 양심을 깨우고, 하나님의 진리로 마음을 먹이고, 하나님의 아름다움으로 상상력을 정화시키고, 하나님의 사랑에 마음을 열고, 하나님의 목적에 의지를 바치는 것이다."   윌리엄 템플(William Temple)

- "예배는 시간 속에 계시된 영원하신 한 분 하나님에 대한 인간의 전적인 경배의 반응이다."   에블린 언더힐(Evelyn Underhill)

- "예배는 하나님과의 인격적인 만남으로 그분의 인격과 행하심에 대해 우리가 그를 존귀히 여기고 영화롭게 하며 영광을 돌리는 것이다."   로버트 E. 웨버(Robert E. Webber)

- "예배는 신자의 모든 것, 마음, 감정, 의지, 몸에 대한 하나님의 존재와 말씀과 행하심에 대한 반응이다."   워렌 위어스비(Warren Wiersbe)

부록 2
아타나시우스 신조(The Athanasian Creed)

- 구원을 받고자 하는 사람은 무엇보다도 먼저 보편적인 신앙을 확고히 가져야 합니다. 누구든지 이 신앙을 완전하고 손상됨이 없이 지키지 않는 사람은 영원히 멸망 받을 것임이 틀림없습니다.

  (Whosoever will be saved, before all things it is necessary that he hold the catholic faith. Which faith except every one do keep whole and undefiled; without doubt he shall perish everlastingly.)

- 이 보편적인 신앙이란 이런 것입니다. 우리는 삼위로 한 분 하나님이시고 일체로 삼위이신 하나님, 삼위가 혼합되거나 본성이 분리됨이 없는 한 분 하나님을 예배합니다. 왜냐하면 성부가 한 위로 계시고, 성자가 다른 위로 계시고, 성령이 또 다른 위로 계시기 때문입니다. 그러나 성부와 성자와 성령의 신성은 하나이시며, 영광도 동일하며, 그 위엄도 영원히 공존합니다. 성부께서 계심같이, 성자께서도 그렇게 계시고, 성령께서도 그렇게 계십니다.

  (And the catholic faith is this: That we worship one God in Trinity, and Trinity in Unity; Neither confounding the Persons; nor dividing the Essence. For there is one Person of the Father; another of the Son; and another of the Holy Ghost. But the Godhead of the Father, of the

Son, and of the Holy Ghost, is all one; the Glory equal, the Majesty coeternal. Such as the Father is; such is the Son; and such is the Holy Ghost.)

- 성부께서도 창조함을 받지 않으셨고, 성자께서도 창조함을 받지 않으셨고, 성령께서도 창조함을 받지 않으셨습니다. 성부께서도 측량할 수 없는 분이시고, 성자께서도 측량할 수 없는 분이시며, 성령께서도 측량할 수 없는 분이십니다. 성부께서도 영원하시고, 성자께서도 영원하시고, 성령께서도 영원하십니다.

  (The Father uncreated; the Son uncreated; and the Holy Ghost uncreated. The Father unlimited; the Son unlimited; and the Holy Ghost unlimited. The Father eternal; the Son eternal; and the Holy Ghost eternal.)

- 그러나 세 영원하신 분이 아니고 한 영원하신 분이십니다. 또한 세 창조함을 받지 않으신 분이 아니시고 세 측량할 수 없는 분이 아니시고, 한 분 창조함을 받지 않으신 분이시고, 한 분 측량할 수 없는 분이십니다.

  (And yet they are not three eternals; but one eternal. As also there are not three uncreated; nor three infinites, but one uncreated; and one infinite.)

- 동일한 방식으로, 성부께서도 전능하시고, 성자께서도 전능하시고,

성령께서도 전능하십니다. 그러나 세 전능하신 분이 아니시고 한 전능하신 분이십니다.

(So likewise the Father is Almighty; the Son Almighty; and the Holy Ghost Almighty. And yet they are not three Almighties; but one Almighty.)

- 이와같이 성부께서도 하나님이시고, 성자께서도 하나님이시고, 성령께서도 하나님이십니다. 그러나 세 하나님이 아니시고 한 하나님이십니다. 이와같이 또한 성부께서도 주님이시고, 성자께서도 주님이시며, 성령께서도 주님이십니다. 그러나 세 분의 주님이 아니시고 한 주님이십니다.

(So the Father is God; the Son is God; and the Holy Ghost is God. And yet they are not three Gods; but one God. So likewise the Father is Lord; the Son Lord; and the Holy Ghost Lord. And yet not three Lords; but one Lord.)

- 왜냐하면 기독교의 진리가 우리로 하여금 각 위가 각기 하나님이시요, 주님이심을 고백하도록 하는 것과 같이, 보편적인 신앙은 우리가 세 하나님이나 세 주님으로 말하는 것을 금하기 때문입니다. 그래서 성부께서는 만들어지지도 않으셨고 창조되거나 누군가로부터 나시지도 않으셨습니다. 성자께서는 오직 아버지에게서만 나시고, 만들어지지도 않으셨고, 창조되지도 않으셨고, 나시었습니다. 성령께서는 만들어지지도 않으셨고, 창조되지도 않으셨고, 나시지도 않

으셨고, 성부와 성자로부터 나오셨습니다. 그러므로 한 성부이시지 세 성부가 아니시고 한 성자이시지 세 성자가 아니시고 한 성령이시지 세 성령이 아니십니다. 그리고 이 삼위안에 먼저 되시거나 나중되신 분이 없으시고, 더 큰 자나 더 작은 자도 없으십니다. 그러나 삼위는 세 위가 영원히 서로 공존하시고, 동등하십니다. 그래서 앞에서 이미 말한 바와 같이 우리는 모든 것 가운데서 일체안에서 삼위이시고 삼위안에서 일체이신 한 분 하나님께 예배해야만 합니다. 따라서 구원을 받으려는 사람은 누구나 삼위일체 하나님에 대해 이렇게 생각해야 합니다.

(For like as we are compelled by the Christian verity; to acknowledge every Person by himself to be God and Lord; So are we forbidden by the catholic religion; to say, There are three Gods, or three Lords. The Father is made of none; neither created, nor begotten. The Son is of the Father alone; not made, nor created; but begotten. The Holy Ghost is of the Father and of the Son; neither made, nor created, nor begotten; but proceeding. So there is one Father, not three Fathers; one Son, not three Sons; one Holy Ghost, not three Holy Ghosts. And in this Trinity none is before, or after another; none is greater, or less than another. But the whole three Persons are coeternal, and coequal. So that in all things, as aforesaid; the Unity in Trinity, and the Trinity in Unity, is to be worshipped. He therefore that will be saved, let him thus think of the Trinity.)

- 그러나 한 사람이 영원한 구원을 얻으려면 우리 주 예수 그리스도께서 육신이 되신 것을 신실하게 믿는 것이 필요합니다. 이에 대한

참된 신앙은 우리가 우리 주 예수 그리스도, 하나님의 아들께서 하나님이심과 동시에 사람이심을 믿고 고백하는 것입니다. 그는 시간 이전에 성부의 본성에서 나신 하나님이시며, 그는 시간 안에 자기 어머니의 본성으로부터 나신 분이십니다. 그는 완전한 하나님이시고, 또한 이성있는 영혼과 육신을 가진 완전한 사람입니다.

(faithfully the Incarnation of our Lord Jesus Christ. For the right Faith is, that we believe and confess; that our Lord Jesus Christ, the Son of God, is God and Man; God, of the Essence of the Father; begotten before the worlds; and Man, of the Essence of his Mother, born in the world. Perfect God; and perfect Man, of a reasonable soul and human flesh subsisting.)

- 신성으로 말하면 그는 하나님과 동등하시고 인성으로 말하면 성부보다 낮으십니다. 비록 그가 하나님이요, 또한 사람이시지만 두 분이 아니라 한 분 그리스도이십니다. 그러나 신성이 육신으로 변화됨으로 말미암아 한 분이 되신 것이 아니라 하나님이 인성을 취하심으로 한 분이 되신 것입니다. 그는 본성의 혼합을 통해서가 아니라 위격의 일치로 말미암아 완전한 한 분이십니다. 왜냐하면 인간이 영혼과 육신으로 되어있듯이 그는 하나님이시며 인간이신 한 분 그리스도이시기 때문입니다. 그는 우리의 구원을 위하여 고난 당하셨고, 음부에 내려가셨다가 죽은 자 가운데서 다시 살아나시고, 하늘에 오르사 하나님 우편에 앉아 계시다가 거기로부터 산 자와 죽은 자를 심판하러 오실 것입니다. 그가 오실 때 모든 사람들의 행위를 행한

대로 아뢰일 것입니다. 그래서 선을 행한 자들은 영원한 생명으로 들어갈 것이나 악을 행한 자들은 영원한 불로 들어갈 것입니다.

(Equal to the Father, as touching his Godhead; and inferior to the Father as touching his Manhood. Who although he is God and Man; yet he is not two, but one Christ. One; not by conversion of the Godhead into flesh; but by assumption of the Manhood by God. One altogether; not by confusion of Essence; but by unity of Person. For as the reasonable soul and flesh is one man; so God and Man is one Christ; Who suffered for our salvation; descended into hell; rose again the third day from the dead. He ascended into heaven, he sitteth on the right hand of the God the Father Almighty, from whence he will come to judge the quick and the dead. At whose coming all men will rise again with their bodies; And shall give account for their own works. And they that have done good shall go into life everlasting; and they that have done evil, into everlasting fire.)

- 이것이 보편 신앙입니다. 누구든지 이 신앙을 확고하게 그리고 신실하게 믿지 않으면, 그 사람은 구원을 얻지 못할 것입니다. 아멘.

(This is the catholic faith; which except a man believe truly and firmly, he cannot be saved.)

부록 3
융합 예배: 오래된(Old), 새로운(New), 빌린(Borrowed), 침울한(Blue)

"융합 예배는 지역 전통을 반영하여 현대 예배자에게 적합한 방식으로 표현된 방식으로 하나님을 찬양하는 것입니다"

결혼식을 계획할 때 고려해야 할 세부 사항들이 많이 있습니다. 결국 저는 남자이고 아내가 결혼식 계획과 준비 작업의 대부분을 했기 때문에 저는 결혼식 준비의 일부분만 알고 있습니다. 결혼식 전날 내가 신랑 들러리들과 해변에 갔을 때 친정에 앉아 모든 결혼식 프로그램에서 리본을 묶고 있었던 일은 묻지 마십시오. 결혼식에는 흔히 볼 수 있는 전통이 있습니다. 이 전통은 '오래된 것, 새로운 것, 빌린 것, 파란 것, 신발에 은색 6펜스(Something olde, something new, something borrowed, something blue, and a silver sixpence in your shoe.)'라는 오래된 영어 운율에서 유래한 것입니다. 결혼식 날 가족과 신부의 하객들은 사랑의 표시로 낡은 것, 새 것, 빌린 것, 파란 것, 그리고 6펜스를 신부에게 선물했습니다. 오늘날에도 신부들은 결혼식에 헌 물건, 새 물건, 빌린 물건, 파란색 물건을 활용하고 있습니다.

저는 융합 예배를 생각할 때 예배 기획자가 이러한 결혼식 전통을 따르고 각 부분을 예배 경험에 통합하는 것이 중요하다고 생각합니다. 이

문구에 비추어 융합 예배를 살펴보겠습니다.

1. 오래된 것(Something Old)

이것은 오래된 예배 요소를 통합하라는 뜻이 아닙니다. '오래된'이라는 용어는 오래 지속되는 예배의 요소를 의미합니다. 우리는 이 예배의 여정을 처음 시작한 사람들이 아닙니다. 이전에 주님을 예배하는 방법에 대한 훌륭한 모범을 보여준 많은 사람들이 있습니다. 그들을 무시하거나 평가절하하지 말고 그들에게 의지합시다.

- 음악: 오랜 세월과 수많은 신학자들의 시험을 견뎌낸 노래들. 여기에는 전통 찬송가, 오래된 찬양의 합창곡, 클래식 작품이 포함됩니다.
- 예술: 미술, 현재를 제외한 역사적 시대의 미술 및 공연 예술
- 기도문과 인용문: 고대 교부들과 그 이전의 신학자들

2. 새로운 것(Something New)

예배에 새로운 요소를 도입하는 것도 중요합니다. 하나님은 신약의 사도들과 함께 하신 일을 멈추지 않으셨습니다. 그분은 오늘날에도 계속 일하십니다. 현재 기독교인들에 의한, 그리고 기독교인들로부터 예배의 요소를 통합하는 것이 교회에 유익합니다.

- 음악: 현재 창작되고 있는 노래를 부릅니다. 여기에는 현대 찬송가와 최신 찬양의 합창곡, 그리고 오래된 곡을 새롭게 편곡한 곡이 포함됩니다. 성경에서 우리에게 "새 노래로 여호와께 노래하라"(시

96:1a 등)라고 할 때, 단순히 오늘날 작곡된 노래만을 의미하지는 않는다고 생각합니다. 기존 곡의 새로운 편곡, 버전, 해석을 의미하기도 합니다. 예배 아티스트들은 과거에 사랑받았던 찬송가에 새로운 생명을 불어넣기 위해 오래된 찬송가를 가져와 새로운 버전을 만드는 작업을 한동안 해왔습니다. 그 결과 새로운 세대의 예배자들이 찬송가의 가사와 곡을 재발견하게 되었습니다. 주님께 새 노래를 부른다는 것은 오래된 노래를 새로운 방식으로 부르는 것을 의미할 수 있습니다.

- 예술: 현재 활동하는 예술가들의 다양한 예술 형식을 활용하십시오. 특히 회중 내 예술가들을 포함하세요.
- 기도와 인용문: 목회자를 포함한 현대 신학자들의 설교를 인용하여 이전 설교의 요점을 반복하고 회중을 격려할 수 있습니다.

3. 빌린 것(Something Borrowed)

예배 기획자는 다른 문화와 민족, 교단과 전통의 예배 요소를 통합해야 합니다. 여기서는 다양성이 핵심입니다.

- 음악: 글로벌 음악, 우리와 다른 문화권의 노래를 부르면 더 넓은 그리스도의 몸과 연결되는 데 도움이 됩니다.
- 예술: 우리 문화가 아닌 다른 문화의 미술 및 공연 예술
- 기도문과 인용문: 다른 전통을 가진 신학자들
  * 신학적, 교리적 차이를 고려하는 데 주의할 것

4. 침울한 것(파란 것, Something Blue)

우리의 예배는 그리스도를 축하하는 것이어야 합니다. 잘 축하하기 위해서는 잘 슬퍼할 수 있어야 합니다. 우리는 세상에 모든 것이 옳지 않을 때 예배하는 데 익숙하지 않습니다. 게다가 삶이 순조롭지 않을 때 예배를 잘 드리는 방법을 모른다고 말하고 싶습니다. 하지만 사역과 예배 인도는 실제 삶을 다루고 있습니다. 그리고 현실은 복잡합니다. 이런 상황에서의 예배는 1년 치 설교보다 더 많은 복음을 전할 수 있는 잠재력을 가지고 있습니다.

시편을 지침으로 삼으면 시편이 찬양의 노래로 가득 차 있지만 애통함도 있습니다.

> 주여, 얼마나 오래오리이까? 저를 영원히 잊으시겠습니까?
> 언제까지 주님의 얼굴을 내게서 숨기시겠습니까?
> 얼마나 오래 내 영혼의 충고를 듣고
> 종일 내 마음에 슬픔을 품어야 하나요?
> 내 원수가 얼마나 오래 내 위에 높임을 받겠습니까?
> 주 나의 하나님이여, 나를 생각하시고 응답하소서.
> 내가 죽음의 잠을 자지 않도록 내 눈을 밝히소서.
> 내 원수가 "내가 그를 이겼다"고 말하지 않게 하소서.
> 내가 흔들려서 내 원수가 기뻐할까봐,
> 그러나 나는 당신의 변함없는 사랑을 신뢰했습니다.
> 내 마음이 주님의 구원을 기뻐하리이다.
> 주님께 노래하리이다.
> 주님께서 저를 풍성하게 다루셨기 때문입니다. (시 13편)

애통하는 것은 자연스럽고 적절한 일입니다. 초대 교회는 정기적으로 예배의 일부로 고백을 포함시켰습니다. 오늘날에는 고해성사가 정기적으로 사용되지는 않지만, 저는 고해성사가 다시 정기적으로 이루어져야 한다고 생각합니다. 오늘날의 현대 교회에서는 함께 모여서 바로 하나님을 찬양의 자리로 뛰어듭니다. 이것은 우리가 한 주 동안 지은 죄를 이미 고백했다는 의미일까요? 아니면 그 주에 죄를 전혀 짓지 않았다는 의미일까요, 아니면 예배를 드리러 가는 길에 죄를 지었다는 의미일까요? 죄의 고백과 애통은 예배에서 적절하고 중요한 부분이라고 생각합니다.

앞서 명확하게 정의했듯이 융합 예배는 지역 전통을 반영하여 현대 예배자에게 적합한 방식으로 표현된 방식으로 하나님을 찬양하는 것입니다. 융합 예배를 계획할 때는 옛것, 새것, 빌린 것, 그리고 침울한 요소를 반드시 포함해야 합니다.

부록 4
'렉시오 디비나(Lectio Divina)'를 실습하는 방법

본문 읽기 및 듣기(렉시오, *Lectio*)

천천히 읽을 성경 본문을 선택합니다. 마음과 정신으로 본문을 듣습니다. 본문에서 주님께서 여러분에게 말씀하시는 것을 들어보십시오. 마음을 열고 열린 자세로 본문과 함께 하십시오.

말씀 묵상하기(메디타시오, *Meditatio*)

믿음으로 이 본문이 여러분을 향한 말씀이라고 가정합니다. 하나님은 "예수로서, 사람의 모습으로 자신을 옮기셨기" 때문에, 예수님은 진정으로 우리가 이해할 수 있는 언어로 영으로 우리에게 말씀하십니다. 묵상 수준에서는 "제가 무엇을 듣기를 원하십니까?"라고 질문하는 것이 중요합니다.

말씀이 마음에 닿게 하세요(기도) (오라시오, *Oratio*)

'기도(오라시오)'에서는 하나님의 말씀이 자아 안으로 더 깊숙이 들어가 '마음의 기도'가 됩니다. 이 기도에서는 하나님의 빛이 들어올 수 있도록 마음을 여십시오. 그 목표는 "하나님, 우리의 마음이 주를 위하여 지으심을 받았사오니 주 안에서 쉬기 전에는 안식하지 못하리이다"

라고 외쳤던 성 어거스틴(st. Augustine)의 기도와 같습니다. 마음속에는 '거룩한 소망', 즉 하나님의 말씀인 본문이 현실에서 구체화되기를 갈망하는 마음이 생겨납니다.

묵상에 들어가기(콘템플라시오, *Contemplatio*)

'묵상(콘템플라시오)'은 성경 기도를 '새로운 언어, 침묵'으로 바꾸어 줍니다. 이 침묵은 우리에게 무엇을 하라고 요구하는 것이 아니라 존재에 대한 부르심입니다.

Robert E. Webber(로버트 E. 웨버), *Journey to Jesus, The Worship, Evangelism, and Nurture Mission of the Church*(예수님을 향한 여정, 교회의 예배, 전도, 양육 사명) (Nashville: Abingdon Press, 2001), 113.

부록 5
'예배 인도자(Worship Leader)' 대 '인도 예배자(Lead Worshiper)'

오늘날 복음주의권에서는 '예배 인도자(Worship Leader)'와 '인도 예배자(Lead Worshiper)'라는 단어의 순서에 대해 논의가 있습니다. "정말 차이가 있는지, 차이가 있다면 무엇일까요?"라고 질문할 수 있습니다. 정답은 '예, 차이가 있으며 큰 차이가 있습니다'입니다.

'인도 예배자(Lead Worshiper)'는 예배를 모델링하여 사람들에게 예배자가 어떻게 행동해야 하는지에 대한 실례를 보여줍니다. 모델링은 예배 인도의 한 측면이지만 인도자의 완전한 그림은 아닙니다. '인도 예배자(Lead Worshiper)'는 다른 사람들이 예배에 동참하기를 바라며 회중 앞에서 예배를 드리는 사람 중 한 명일 뿐입니다. 이는 훌륭한 생각이지만 지도력이 아니며 많은 회중이 예배에 참여하지 않는 결과를 초래할 수 있습니다.

반면에 '예배 인도자(Worship Leader)'는 예배에서 회중을 적극적으로 이끌어야 합니다. 예배 인도자의 목표는 가이드가 여행하는 사람들과 함께 경치를 즐기는 것처럼 회중과 함께 예배에 참여할 수 있도록 하는 것이지만, 예배 인도자의 주 임무는 실제로 회중이 마음과 뜻과 정성과 힘을 다해 주님을 예배하도록 이끄는 것입니다.

'예배 인도자(Worship Leader)'는 다른 사람들을 예배의 행위로 인도하도록 부름받은 사람들로서 더 높은 기준을 적용받으며, 따라서 인도자의 역할이 매우 중요하고 영원히 중요하다고 생각해야 합니다. 예배 인도자는 단순히 사람들 앞에 서서 그들이 어딘가에서 예배에 동참하기를 바라면 안 됩니다. 그것은 잘못된 인도이며 하나님께서 인도자에게 맡기신 청지기 직분을 제대로 감당하지 못하는 것입니다. 예배 인도자의 소명은 회중이 하나님 자신에 대한 하나님의 많은 계시에 응답하도록 인도하고, 안내하고, 격려하는 것입니다. 하나님은 자신을 계시하셨고 '예배 인도자(Worship Leader)'의 임무는 회중이 예배 행위, 즉 음악, 기도, 성경 묵상, 세례, 성찬식 등을 통해 응답하도록 돕는 것입니다.

성경 전체에서 우리는 공동체를 이끌기 위해서는 실제로 이끄는 행동이 필요하다는 것을 알 수 있습니다. 실제적인 본을 보이는 것은 강력한 행동이 될 수 있지만, 단체로 인도할 때는 회중을 의미 있는 예배 경험에 참여시키기 위해 언어적 가르침이 중요합니다. 모세는 단순히 예배의 본을 보인 것이 아닙니다. 그는 이스라엘 백성에게 하나님께서 그들을 위해 행하시는 모든 일에 어떻게 반응해야 하는지 가르쳤습니다. 다윗은 단순히 예배를 드리고 다른 사람들이 자신을 따르기를 바라지 않았습니다. 그는 예배 인도자들을 임명하여 사람들을 이끌도록 했습니다. 예수님도 단순히 예배의 본을 보이신 것이 아니라 제자들에게 기도하는 법, 성찬식을 지키는 법, 예배하는 법을 가르치셨습니다.

하나님께서 '예배 인도자(Worship Leader)'로 여러분을 부르셨다면 그렇게 하시기 바랍니다. 예배의 본을 보이는 데 그치지 말고 사람들을 예배로 인도하십시오. 그리고 어쩌면, 어쩌면, 우리 모두가 하나님 앞에서 함께 모여 경외심을 가지고 서게 될지도 모릅니다.

부록 6
예배를 위한 로드맵

짐 알타이저(Jim Altizer) 박사

A.C.T.S.

"전능하신 주님을 찬양하라(Praise to the Lord, the Almighty)"
요아킴 네안데르(Joachim Neander) 가사

시편 113편은 모든 주의 종들에게 해가 뜨는 곳부터 해가 지는 곳까지 여호와의 이름을 지금과 영원히 찬양의 대상으로 삼으라고 명령합니다. 다시 말해, 주일뿐만 아니라 언제 어디서나 찬양하라는 뜻입니다. 오늘 아침 우리는 예배의 로드맵으로 'A.C.T.S.'라는 약어를 사용할 것입니다. 이것이 일주일 내내 여러분의 매일 예배를 위한 로드맵이 되기를 기도합니다. A.C.T.S.는 '경배, 고백, 감사, 간구(Adoration, Confession, Thanksgiving, Supplication)'의 약자입니다.

경배합니다(Adoration)

"오 하나님, 당신은 위대하오니…"와 같이 큰 소리로 경배합니다. "하나님, 당신은 강력하십니다. 당신은 _____."

"오, 오소서 그분을 예배합시다(O Come Let Us Adore Him)"

존 F. 웨이드(John F. Wade) 작사 작곡

고백(Confession)

조용히 개인적인 죄를 고백하는 시간을 가져보세요.

시편 51편을 큰 소리로 읽어 보겠습니다.

하나님이여 주의 인자를 따라 내게 은혜를 베푸시며 주의 많은 긍휼을 따라 내 죄악을 지워 주소서
나의 죄악을 말갛게 씻으시며 나의 죄를 깨끗이 제하소서
무릇 나는 내 죄과를 아오니 내 죄가 항상 내 앞에 있나이다
내가 주께만 범죄하여 주의 목전에 악을 행하였사오니 주께서 말씀하실 때에 의로우시다 하고 주께서 심판하실 때에 순전하시다 하리이다
내가 죄악 중에서 출생하였음이여 어머니가 죄 중에서 나를 잉태하였나이다
보소서 주께서는 중심이 진실함을 원하시오니 내게 지혜를 은밀히 가르치시리이다
우슬초로 나를 정결하게 하소서 내가 정하리이다 나의 죄를 씻어 주소서 내가 눈보다 희리이다
내게 즐겁고 기쁜 소리를 들려 주시사 주께서 꺾으신 뼈들도 즐거워하게 하소서
주의 얼굴을 내 죄에서 돌이키시고 내 모든 죄악을 지워 주소서
하나님이여 내 속에 정한 마음을 창조하시고 내 안에 정직한 영을 새롭게

하소서

나를 주 앞에서 쫓아내지 마시며 주의 성령을 내게서 거두지 마소서

주의 구원의 즐거움을 내게 회복시켜 주시고 자원하는 심령을 주사 나를 붙드소서

그리하면 내가 범죄자에게 주의 도를 가르치리니 죄인들이 주께 돌아오리이다

하나님이여 나의 구원의 하나님이여 피 흘린 죄에서 나를 건지소서 내 혀가 주의 의를 높이 노래하리이다

주여 내 입술을 열어 주소서 내 입이 주를 찬송하여 전파하리이다

주께서는 제사를 기뻐하지 아니하시나니 그렇지 아니하면 내가 드렸을 것이라 주는 번제를 기뻐하지 아니하시나이다

하나님께서 구하시는 제사는 상한 심령이라 하나님이여 상하고 통회하는 마음을 주께서 멸시하지 아니하시리이다

주의 은택으로 시온에 선을 행하시고 예루살렘 성을 쌓으소서

그 때에 주께서 의로운 제사와 번제와 온전한 번제를 기뻐하시리니 그 때에 그들이 수소를 주의 제단에 드리리이다

추수감사절

데살로니가전서 5장 18절은 이렇게 말합니다.

"범사에 감사하라 이것이 그리스도 예수 안에서 너희를 향하신 하나님의 뜻이니라"

우리는 환경 때문에 감사할 수도 있고, 환경에도 불구하고 감사해야 할 수도 있습니다. 감사는 하나님께 감사하라는 명령이므로, 재정, 관계, 소명, 건강 등 삶의 각 환경을 떠올리며 하나님께 감사하는 마음을

가지시기 바랍니다.

"내 마음은 감사로 가득합니다(My Heart Is Filled With Thankfulness)"
키스 게티(Keith Getty)와 스튜어트 타운엔드(Stuart Townend) 작사 작곡
© 2003 Thankyou Music

간구(Supplication)

간구한다는 것은 간청하는 것, 겸손하게 또는 간절히 구하는 것입니다. 여러분의 삶에서 하나님께서 해 주셔야 할 일들이 있나요? 그분께 물어보십시오. 여러분의 삶에서 그분의 손길이 필요한 사람들이 있나요? 그분께 물어보십시오. 여러분이 통제할 수 없는 상황이 있습니까? 구하면 주실 것입니다. 구하면 찾을 수 있습니다. 두드리면, 문이 열릴 것입니다.

"주 이름 찬양(Blessed Be Your Name)"
매트 레드먼(Matt Redman)과 베스 레드먼(Beth Redman) 작사 작곡
© 2002 Thankyou Music

부록 7
예배 대본

월트 하라(Walt Harrah)

그러나 우리는 예수님을 봅니다

많은 분들이 히브리서를 통한 설교 시리즈에 영향을 받았습니다. 어떻게 알 수 있을까요? 이사야는 하나님의 말씀은 결코 그 말씀이 보내진 목적을 달성하는 데 실패하지 않는다고 말합니다. 말씀은 언제나 효과적입니다. 교회로서 우리는 영향을 받았고, 개인으로서 여러분도 영향을 받았습니다. 예배 시간이 끝난 후, 여러분 중 몇 분이 반성할 수 있는 기회가 있을 것입니다. 주님께서 여러분에게 하고 싶은 말이 있는지 생각하고 기도하십시오.

[화면]

옛적에 선지자들을 통하여 여러 부분과 여러 모양으로 우리 조상들에게 말씀하신 하나님이 이 모든 날 마지막에는 아들을 통하여 우리에게 말씀하셨으니,

이 아들을 만유의 상속자로 세우시고 또 그로 말미암아 모든 세계를 지으셨느니라 이는 하나님의 영광의 광채시요 그 본체의 형상이시라 그의 능력의 말씀으로 만물을 붙드시며 죄를 정결하게 하는 일을 하

시고 높은 곳에 계신 지극히 크신 이의 우편에 앉으셨느니라 그가 천사보다 훨씬 뛰어남은 그들보다 더욱 아름다운 이름을 기업으로 얻으심이니

(히 1:1-4)

"All Hail The Pow'r Of Jesus' Name(주 예수 이름 높이어)"
에드워드 페로넷(Edward Perronet) 작사 작곡

기도

주 예수님, 당신의 능력에는 한계가 없습니다. 주님은 우리가 온전히 누리고 있는 이 세상을 창조하셨고, 끝없는 아름다움과 복잡성, 질감과 색채, 끝없는 다양성으로 우리를 둘러싸시며, 동시에 모든 물질이 당신이 정한 법칙에 따라 기능하도록 피조물을 지탱해 주셨습니다.

당신의 위대한 힘으로 당신은 하늘을 떠나 우리 중 한 사람으로 이 땅에 오셔서 완전한 인간이 되셨습니다. 당신은 죽음에서 부활하고, 하늘로 다시 올라가고, 잠시 내려놓았던 영광을 되찾을 수 있는 힘을 가졌습니다.

그리고 이제 하늘 아버지 우편에 앉아 계신 당신은 우리의 옹호자이며, 우리를 응원하고, 우리를 위해 기도하고, 우리를 대신하여 아버지께 말씀하시며, 이 시대가 완전히 주어진 시간을 다 채울 때까지 하나님의 진노의 표시를 보류하는 동안에도 우리를 대변해 주십니다. 천사들은 끊임없이 당신의 찬양을 부르고 있으며, 오늘 아침 우리는 감사하

게도 그들의 찬양의 기도에 우리의 찬양의 기도를 더합니다. 우리 형제 예수님의 이름으로 기도합니다. 아멘.

회중 인사

시편 8편은 하나님의 위대하심을 묵상합니다. …

[화면]

주의 손가락으로 만드신 주의 하늘과 주께서 베풀어 두신 달과 별들을 내가 보오니 사람이 무엇이기에 주께서 그를 생각하시며 인자가 무엇이기에 주께서 그를 돌보시나이까

그를 하나님보다 조금 못하게 하시고 영화와 존귀로 관을 씌우셨나이다

주의 손으로 만드신 것을 다스리게 하시고 만물을 그의 발 아래 두셨으니 곧 모든 소와 양과 들짐승이며 공중의 새와 바다의 물고기와 바닷길에 다니는 것이니이다

여호와 우리 주여 주의 이름이 온 땅에 어찌 그리 아름다운지요

(시 8:3-9)

"Indescribable(형언할 수 없는)"

로라 스토리(Laura Story) 작사 작곡
© 2004 Laura Stories, sixsteps Music, worshiptogether.com songs

유진 피터슨(Eugene Peterson)이 히브리서 2장 구절을 메시지로 전하는 방법….

[화면]

당신이 걱정하는 남자와 여자는 무엇입니까?
왜 그들의 길을 다시 살펴보십니까?
당신은 그들을 천사만큼 높지 않게 만들었습니다.
에덴의 새벽 빛으로 밝게,
그리고 그들에게 당신의 손으로 만든,
당신의 손으로 만든 세상 전체를.

우리는 인류가 책임자로서 형편없는 일을 해왔다는 것을 너무 잘 알고 있습니다. 하늘은 우리의 비참함을 가만히 보고만 있지는 않으셨습니다. 예수님은 소매를 걷어붙이고 우리의 상황에 대해 뭔가를 하기로 결심하셨습니다.

[화면]

그러나 우리는 천사들보다 조금 더 낮아지신 예수님이 하나님의 은혜로 모든 사람을 위해 죽음을 맛보게 하시기 위해 죽음을 겪으심으로 영광과 존귀로 관을 쓰신 것을 봅니다.

"Very, Very Good(매우, 매우 좋은)"

월트 하라(Walt Harrah) 작사 작곡
© 2012 Seedsower Music, ASCAP

많은 아들을 영광으로 이끄시는 하나님께서는 모든 것이 누구를 위해, 누구를 통해 존재하는지, 고난을 통해 구원의 주관자를 온전하게 만드시는 것이 합당했습니다. 사람을 거룩하게 하시는 분과 거룩하게 되는 사람은 모두 같은 가족입니다. 그래서 예수님은 그들을 형제라고 부르는 것을 부끄러워하지 않으십니다. 그는 "내가 내 형제들에게 네 이름을 선포하고, 회중 앞에서 네 찬양의 노래를 부르겠다"고 말씀하십니다. 그리고 다시 "나는 그를 신뢰하겠습니다."라고 말합니다. 그리고 다시 "여기 나와 하나님이 내게 주신 자녀들이 있습니다"라고 말합니다.

그 아이들도 살과 피를 가졌기 때문에, 그분은 자신의 죽음으로 죽음의 권세를 잡은 자, 즉 마귀를 멸하고 평생을 죽음에 대한 두려움으로 노예가 된 사람들을 해방시키기 위해 그들도 인간성을 공유했습니다. 분명히 그가 돕는 것은 천사들이 아니라 아브라함의 후손들입니다. 이런 이유로 그는 하나님을 섬기는 자비롭고 충실한 대제사장이 되고, 사람들의 죄를 속죄하기 위해 모든 면에서 형제들과 같아야 했습니다. 그분도 시험을 받으셨을 때 고통을 겪으셨기 때문에 시험을 받는 사람들을 도울 수 있습니다.

"Great God Of Love(위대한 사랑의 하나님)"

찰스 웨슬리(Charles Wesley) 작사 작곡, 월트 하라(Walt Harrah) 편곡

© 2008 Seedsower Music, ASCAP

OFFERING(봉헌)

(노래 없음, 히브리서 묵상 시작)

Reflection(묵상)

회중이 히브리서 시리즈를 통해 하나님께서 그들에게

가르치신 것을 묵상하도록 한다.

(지도자들은 공유를 원하는 사람들에게 무선 휴대 기기를 전달합니다.)

SERMON(설교)

교회의 하나됨의 기초

사무엘 스톤(Samuel Stone)의 말씀과 음악

Benediction(축도)

부록 8
회중 찬양을 위한 지침

존 웨슬리(John Wesley)

1761년 "찬송가 모음집(Select Hymns)"에 처음 실림

"신성한 예배의 이 부분이 하나님께서 더 받으실 수 있고, 자신과 다른 사람들에게 더 유익할 수 있도록 다음 지시 사항을 주의 깊게 지키십시오."

- 다른 곡을 배우기 전에 이 곡을 먼저 배우기

  그 후에는 원하는 만큼 많이 배우십시오.

- 전혀 바꾸거나 고치지 말고 여기에 인쇄된 대로 정확하게 부르기

  다른 곡을 배웠다면 가능한 한 빨리 잊어버리십시오.

- 모두 부르기

  가능한 한 자주 회중과 함께 부르십시오. 조금의 쇠약함이나 피곤함도 방해가 되지 않도록 하십시오. 그것이 여러분에게 십자가라면, 짊어지고 갈 때 축복을 받을 것입니다.

- 풍성하게 노래하기

  용기를 가지고 활기차게 노래하십시오. 반쯤 죽어 있거나 반쯤 잠든 것처럼 노래하지 말고 힘차게 목소리를 높이십시오. 사탄의 노래를 부를 때보다 더 이상 목소리를 두려워하지 말고, 들리는 것을 부끄러워하지 마십시오.

- 겸손하게 노래하기

  화음을 파괴하지 않도록 다른 회중 위에 들리거나 다른 회중과 구별되도록 소리를 지르지 말고, 하나의 선율적인 소리를 내도록 목소리를 하나로 합치도록 힘쓰십시오.

- 시간에 맞춰 노래하기

  어떤 찬양을 부르든 반드시 시간을 지켜야 합니다. 앞뒤로 서두르지 말고 앞사람의 목소리에 최대한 집중하여 정확하게 따라 부르며, 너무 느리게 노래하지 않도록 주의하십시오. 게으른 사람은 자연히 이 느림에 빠져들게 되니, 우리 가운데서 그것을 몰아내고 처음처럼 빠르게 모든 곡을 불러야 합니다.

- 영적으로 노래 부르기

  노래하는 모든 단어에 하나님을 바라보는 눈을 가지십시오. 당신 자신이나 다른 어떤 피조물보다 그분을 더 기쁘시게 하는 것을 목표로 하십시오. 노래의 의미에 엄중히 주의하고, 당신의 마음이 소리에 휩쓸리지 않고 항상 하나님께 드려지도록 하십시오, 그리하면 당신의 노래가 주께서 여기서 인정하시고 하늘 구름을 타고 오실 때에 상 주실 만한 것이 될 것입니다.

부록 9
회중 찬양을 장려하기 위한 지침

브라이언 렌(Brian Wren)

1. 감정뿐만 아니라 마음을 사로잡을 수 있는 노래를 선택합니다.
2. 클래식이든 대중적이든 감상적인 곡은 피하십시오.
3. 전환에 적합한 음악을 선택합니다.
4. 시간을 채우거나 시간을 보내기 위해 노래를 사용하지 마십시오.
5. 음악의 설득력을 인식하고 경건하게 사용하되, 사람들의 결정을 흔들기 위해 연상적인 음악을 사용하지 마십시오.
6. 다음과 같은 회중 찬양의 기능적 장르를 파악합니다.
   - 찬송가(Hymn): 주제를 전개하고 결론에 도달할 수 있는 일련의 연으로 이루어진 곡입니다.
   - 코러스(Chorus): 쉽게 부르고, 반복하며, 흥을 돋우기 위해 주제를 전개하지 않고 짧은 노래로 구성한 것입니다.
   - 라운드(Round): 후렴구의 한 종류로, 파트 노래의 효과를 줍니다.
   - 후렴(Refrain): 회중 노래의 메시지를 요약하거나 회중에게 노래에 참여하도록 하는 후렴구 끝부분의 합창입니다.
   - 성가(Chant): 구절로 쓰이지 않은 성경 구절을 회중이 부를 수 있도록 허용하는 음악입니다.
   - 의식 노래(Ritual song): 예배의 순서를 이동하게 하는 짧은 회중 발언입니다.
   - 영의 노래(Spirit singing): 회중이 즉흥적으로 부르는 노래로, 보통 장조 화음을 기반으로 합니다.

7. '우리의 노래'와 '다른 사람들의 노래'를 구분하고, 후자는 다른 그리스도인들의 믿음, 소망, 고난에 대해 이야기 합니다.

8. 예배 공간에 회중이 서로의 노래를 잘 들을 수 있는 음향 시설이 있는지 확인합니다(좌석, 의자, 바닥 등).

9. 사람들이 다른 사람의 말을 들을 수 있을 뿐만 아니라 볼 수 있도록 앉도록 합니다. 원형, 정사각형 또는 직사각형이 가장 좋은 구성입니다.

10. 사람들이 서로의 노래를 들을 수 있을 만큼 가까이 앉도록 합니다.

11. 익숙한 것을 발견하고, 존중하며, 반복합니다.

12. 새로운 노래를 가르치고 반복하는 방법을 전략적으로 계획합니다.

13. 사람들이 좋아하는 찬송가와 노래를 찾아서 사용합니다.

14. 고정 관념이 아닌 세대를 아우르며 생각합니다.

15. 즐거움의 약속을 존중합니다.

16. 교훈의 벽 너머를 봅니다.

17. 노래를 소개할 때는 가사를 큰 소리로 읽고 회중에게 말합니다.

18. 곡을 바로 알아들을 수 있는 곡이 아니라면, 회중에게 여러 번 들려준 다음 부르게 합니다.

19. 즐거운 분위기에서 새로운 노래를 가르칩니다.

20. 가능한 모든 기회에 짧은 회중 찬송을 부릅니다.

21. 주일학교, 방학 성경학교, 교회 캠프, 예배 회중의 노래 곡들을 연결합니다.

22. 성장을 위해 거부해야 하는 것은 가르치지 마십시오.

23. 노래한 내용을 기록해 두십시오.

24. 경험적으로나 예전적으로 일관성이 있는 회중 노래를 선택합니다.

25. 노래 인도자를 찾거나 되십시오. 눈에 보이는 사람이 가장 좋은 인도자입니다.

26. 자신의 목소리를 가르치는 도구로 믿습니다.

27. 다른 사람들도 당신만큼 노래를 즐길 수 있다고 믿고 그들을 믿는다는 것을 보여주십시오.

28. 예배 중이 아니라 예배 시작 전에 새 노래를 가르칩니다.

29. 새 노래를 소개할 때는 열정을 가지고 소개하되 절대 사과하지 않습니다.

30. 새 노래를 가르치기 전에 멜로디를 귀로 듣고 마음으로 익힙니다.

31. 알아들을 수 있는 부분부터 새로운 멜로디를 가르칩니다.

32. 음악을 보는 것이 아니라 사람들에게 멜로디를 들려주면서 가르치십시오.

33. 자연스러운 목소리로 노래를 좋아하고 공유하고 싶다는 것을 보여주십시오.

34. 반주 없이 새로운 노래를 가르치십시오.

35. 저음과 고음 모두 부를 수 있는 음역대의 곡을 선택하십시오.

36. 중간 음정의 노래로 예배를 시작합니다.

37. 힘차고 합창하는 찬양을 표준으로 장려합니다.

38. 주일마다 무반주 회중 찬양을 한 곡 이상 부릅니다.

39. 음악 인도자에게 가장 중요한 두 가지 질문을 기억하십시오. "잘 들리십니까?" 그리고 "회중이 들리십니까?"입니다.

40. 가능한 가장 낮은 수준의 앰프 크기를 사용합니다.

41. 반주 테이프가 아닌 실제 연주자를 사용합니다.

브라이언 렌(Brian Wren). *Praying Twice: The Music and Words of Congregational Song*(두 번 기도하기: 회중 찬송의 음악과 말씀) (Louisville: Westminster John Knox Press, 2000), 123-125.

참고 문헌

Allen, Ronald and Gordon Borror. *Worship: Rediscovering the Missing Jewel.* Portland: Multnomah Press, 1982.

Altizer, Jim. *The Making of A Worship Leader.* Thousand Oaks: Sound & Light, 2011.

Bateman, Herbert W. IV. *Authentic Worship: Hearing Scripture's Voice, Applying Its Truths.* Grand Rapids: Kregel, 2002.

Bauer, Michael J. Arts Ministry: Nurturing the Creative Life of God's People. Grand Rapids: Wm. B. Eerdmans, 2013.

Best, Harold M. *Unceasing Worship: Biblical Perspectives on Worship and the Arts.* Downers Grove: Intervarsity Press, 2003.

Billheimer, Paul E. *Destined for the Throne: How Spiritual Warfare Prepares the Bride of Christ for Her Eternal Destiny.* Fort Washington: Christian Literature Crusade, 1975.

Brand, Chad Owen, ed. Perspectives on Church Government: Five Views of Church Polity. Nashville: B&H, 2004.

Chapell, Bryan. *Christ-Centered Worship: Letting the Gospel Shape Our Practice.* Grand Rapids: Baker Academic, 2009.

Cherry, Constance, Bounds and Brown. *Selecting Worship Songs: A Guide for Leaders.* Marion: Triangle, 2011.

Cherry, Constance. *The Worship Architect: A Blueprint for Designing Culturally Relevant and Biblically Faithful Services.* Grand Rapids: Baker Academic, 2010.

Clark, Paul B. Jr. Tune My Heart to Sing Thy Grace: Worship Renewal Through Congregational Singing. Bloomington: CrossBooks, 2010.

Dawn, Marva. *A Royal "Waste" Of Time: The Splendor of Worshiping God and Being Church for the World.* Grand Rapids: Wm. B. Eerdmans, 1999.

Dillard, Annie. *Teaching A Stone to Talk: Expeditions and Encounters.* London: Harper Perennial, 1984.

Furr, Gary and Milburn Price. *The Dialogue of Worship: Creating Space for Revelation and Response.* Macon: Smyth and Helwys, 1999.

Grudem, Wayne. *Systematic Theology: An Introduction to Biblical Doctrine.* Grand Rapids: Zondervan, 1994.

Hall, Thelma. *Too Deep for Words: Rediscovering Lectio Divina.* Mahwah: Paulist Press, 1988.

Hustad, Donald P. *Jubilate II: Church Music in Worship and Renewal.* Carol Stream: Hope, 1993.

Kenoly, Ron and Dick Bernal. *Lifting Him Up: How You Can Enter Into Spirit-Led Praise and Worship.* Orlando: Creation House, 1995.

Kidd, Reggie M. *With One Voice: Discovering Christ's Song In Our Worship.* Grand Rapids: Baker Books, 2005.

Kraeuter, Tom. *Developing an Effective Worship Ministry.* Lynnwood: Emerald Books, 1993.

_____. *Worship Is …… What?: Re–Thinking Our Ideas About Worship.* Lynnwood: Emerald Books, 1996.

Labberton, Mark. *The Dangerous Act of Worship: Living God's Call to Justice.* Downers Grove: InterVarsity Press, 2007.

Lewis, C. S. *God In the Dock.* Grand Rapids: Wm. B. Eerdmans, 1970.

Liesch, Barry. *People In the Presence of God: Models and Directions for Worship.* Grand Rapids: Zondervan, 1988.

_____. *The New Worship: Straight Talk on Music and the Church.* Grand Rapids: Baker Books, 1996.

Mulholland, M. Robert. *The Deeper Journey: The Spirituality of Discovering.* Downers Grove: InterVarsity Press, 2006.

Noland, Rory. *The Heart of the Artist: A Character–Building Guide for You and Your Ministry Team.* Grand Rapids: Zondervan, 1999.

_____. *The Worshiping Artist: Equipping You and Your Ministry Team to Lead Others in Worship.* Grand Rapids: Zondervan, 2007.

Nouwen, Henri J. M. *In the Name of Jesus: Reflections on Christian Leadership.* New York: The Crossroad, 1989.

_____. *The Way of the Heart: Connecting With God Through Prayer, Wisdom, and Silence.* New York: First Ballantine Books, 1983.

_____. *With Burning Hearts: A Meditation on the Eucharistic Life.* Maryknoll: Orbis Books, 1994.

Old, Hughes Oliphant. *Leading in Prayer: A Workbook for Worship.* Grand Rapids: Wm. B. Eerdmans, 1995.

Parry, Robin. *Worshipping Trinity: Coming Back to the Heart of Worship.* Waynesboro: Paternoster, 2005.

Piper, John. *Let the Nations Be Glad: The Supremacy of God in Missions.* Grand Rapids: Baker Academic, 1993.

Read, Ken E. *Created to Worship: A Practical Guide to Leading the Christian Assembly.* Joplin: College Press, 2002.

Schaper, Robert. *In His Presence: Appreciating Your Worship Tradition.* Nashville: Thomas Nelson, 1984.

Torrance, James B. *Worship, Community and the Triune God of Grace.* Downer's Grove: InterVarsity Press, 1996.

Tozer, A. W. *The Pursuit of God.* Harrisburg: Christian Publications, 1948.

_____. *Whatever Happened To Worship?* Camp Hill: Christian Publications, 1985.

Webber, Robert E. *Ancient–Future Time: Forming Spirituality through the Christian Year.* Grand Rapids: Baker Books, 2004.

_____. *Ancient–Future Worship: Proclaiming and Enacting God's Narrative.* Grand Rapids: Baker Books, 2008.

_____. *Journey to Jesus: The Worship, Evangelism, and Nurture Mission of the Church.* Nashville: Abingdon, 2001.

_____. *Worship Old and New.* Grand Rapids: Zondervan, 1982.

Willard, Dallas and Jan Johnson. *Renovation of the Heart in Daily Practice: Experiments in Spiritual Transformation.* Colorado Springs: NavPress, 2006.

Willimon, William. *The Service of God: How Worship and Ethics are Related.* Nashville: Abingdon Press, 1983.

Witvliet, John. *Worship Seeking Understanding: Windows Into Christian Practice.* Grand Rapids: Baker Academic, 2003.

Wren, Brian. *Praying Twice: The Music and Words of Congregational Song.* Louisville: Westminster John Knox Press, 2000.

미주

1) 저는 이 책에서 '교회'라는 단어를 그리스도의 모인 몸, 즉 에클레시아를 설명하는 수단으로 사용합니다. 기독교인으로서 우리는 교회가 건물이 아니라 사람들이라는 것을 알고 있습니다. 일관성을 유지하고 혼란을 피하기 위해 저는 모인 그리스도의 몸과 가장 일반적으로 연관된 단어, 즉 '교회'를 사용하기로 결정했습니다. '교회'에서처럼 첫 글자를 대문자로 표기할 때는 주님을 예배하기 위해 모인 전 세계 사람들로 구성된 전 세계적인 보편적 교회를 의미합니다(교회 이름은 예외입니다.). 예배를 드리기 위해 모이는 건물에 대해 말하고자 할 때는 '교회 건물' 또는 '시설'이라고 말합니다.

2) 여기서 말하는 '트랙'은 카세트테이프를 의미합니다. 카세트테이프가 무엇인지 모르신다면 Google에서 검색해 보십시오.

3) "나의 주 크고 놀라운(경외의 하나님)" 리치 멀린스(Rich Mullins) © 1986 BMG Songs, Inc.

4) Paul E. Billheimer(폴 E. 빌하이머), Destined For The Throne: How Spiritual Warfare Prepares the Bride of Christ for Her Eternal Destiny(왕좌를 향한 운명: 영적 전쟁이 어떻게 그리스도의 신부가 영원한 운명을 준비하게 하는가) (Fort Washington: Christian Literature Crusade, 1975), 116.

5) 예배의 정의 목록은 '부록 1'을 참조하세요.

6) Jim Altizer(짐 알타이저), The Making Of A Worship Leader(예배 인도자 만들기) (Thousand Oaks: Sound and Light, 2011), 13.

7) Ibid, 18.

8) NAS 구약 히브리어 사전, 스트롱스 번호(Strong' Number) 7812

9) NAS 신약 히브리어 사전, 스트롱스 번호(Strong' Number) 4352

10) NAS 구약 히브리어 사전, 스트롱스 번호(Strong' Number) 5647

11) NAS 신약 히브리어 사전, 스트롱스 번호(Strong' Number) 3009

12) Altizer(알타이저), The Making Of A Worship Leader(예배 인도자 만들기), 14.

13) Hughes Oliphant Old(휴즈 올리펀트 올드), Leading in Prayer: A Workbook for

Worship(기도로 인도하라: 예배를 위한 워크북) (Grand Rapids: Wm. B. Eerdmans, 1995), 237.

14) Altizer(알타이저), The Making Of A Worship Leader(예배 인도자 만들기), 15.

15) A. W. Tozer(토저), Whatever Happened to Worship?(예배에 무슨 일이 일어났습니까?) (Camp Hill: Wingspread, 1985), 45.

16) Robert Schaper(로버트 샤퍼), In His Presence: Appreciating Your Worship Tradition(그분의 임재 안에서: 예배 전통에 감사하기) (Nashville: Thomas Nelson, 1984), 15-16.

17) James B. Torrance(제임스 B. 토런스), Worship, Community and the Triune God of Grace(예배와 공동체와 삼위일체 은혜의 하나님) (Downer's Grove: InterVarsity Press, 1996), 20.

18) 교회에서 예배 중에 삼위일체의 세 위격을 모두 인정한 마지막 시간이 언제였나요? 다양한 방법이 있습니다. 성부, 성자, 성령의 이름으로 기도를 마무리하는 것은 많은 교회 전통에서 매우 일반적입니다. 일부 노래는 가사에서 삼위일체를 인정합니다. 레지날드 히버(Reginald Heber)의 "Holy, Holy, Holy(거룩, 거룩, 거룩)", 크리스 탐린(Chris Tomlin), 제시 리브스(Jesse Reeves), 에드 캐쉬(Ed Cash)의 "How Great Is Our God(위대하신 주)", 폴 발로쉬와 브렌튼 브라운의 "Our God Saves(우리 하나님은 구원하시네)"가 그 예입니다. 전체 예배가 진행되는 동안 삼위일체 하나님을 인정하는 것도 또 다른 방법입니다. 예를 들어, 아버지 하나님께 초점을 맞춘 기도문을 사용하고, 성찬식을 통해 예수 그리스도(아들)의 희생에 초점을 맞추고, 성령의 임재를 초대하는 노래를 부를 수 있습니다. 예배가 진행되는 동안 삼위일체의 세 위격이 모두 인정됩니다.

19) Bruce Ware(브루스 웨어) "Worshiping God the Father(아버지 하나님을 경배하며)" 2014년 WorshipGod에서 주제 강연 (July 18, 2014).

20) 부록 2를 참조하세요.

21) Robert E. Webber(로버트 웨버), Worship Old and New(예배학) (Grand Rapids: Zondervan, 1982), 87.

22) Ibid., 91.

23) Dallas Willard(달라스 윌라드) and Jan Johnson(얀 존슨), Renovation of the Heart in Daily Practice(매일 실천하는 마음의 혁신) (Colorado Springs: NavPress, 2006), 162. Used by permission of Tyndale House Publishers, Inc. All rights reserved.

24) Bryan Chapell(브라이언 채플), Christ-Centered Worship: Letting the Gospel Shape Our Practice(그리스도 중심적 예배) (Grand Rapids: Baker Academic, 2009), 114-115.

25) 하나님은 새로운 예배를 도입할 때 한 가지 예배 형식을 거의 없애지 않으신다는 점에

유의하는 것이 중요합니다. 하나님께서 제단을 성막과 통합하신 것처럼, 예배 인도자로서 우리는 찬송가와 찬양 합창, 반응형 낭독과 낭독극, 드라마 스킷과 영상 등 새로운 형식과 오래된 예배 형식을 통합하는 것을 고려해야 합니다.

26) 성막에 대한 완전한 연구는 이 책의 범위를 벗어납니다. 성막에서 발견되는 예전 용품들을 간략히 살펴보면 다음과 같습니다. 1) 언약궤: 언약의 돌판 등이 들어 있는 하늘의 지상 상징물입니다. 법궤는 하나님의 임재를 나타내는 구체적인 표징으로서 언약과 연결되어 있었습니다. 2) 등잔대: 레위기 24장에 따르면, 등잔대는 하나님께서 자신의 임재를 알리신다는 것을 상기시키기 위해 항상 켜져 있어야 했습니다. 3) 임재의 떡상: 하나님의 임재를 나타내는 임재의 떡을 보관하기 위한 목적으로 세워진 것으로, 하나님의 백성과 함께하시는 임재를 상징합니다. 12개의 떡은 이스라엘의 12지파를 상징합니다. 4) 희생 제단: 성막 바로 앞에 위치했지만 안뜰 안에 있었습니다. 희생 제단의 목적은 말 그대로 번제물을 드리는 것이었습니다. 5) 분향단: 이 제단에는 매우 실용적인 목적이 하나 있었습니다. 희생 제물을 도살하는 과정에서 향이 없었다면 냄새가 압도적이었을 것입니다. 향의 달콤한 냄새는 주님을 기쁘시게 했고, 제사장들은 하루에 두 번 향로에 불을 붙였어야 했습니다. 이 책에서 다루지 못한 등잔대용 기름, 제사장 의복, 제사장 봉헌, 속죄금, 씻는 대야, 기름과 향 등 성막의 다른 측면은 이 책에서 다룰 수 없을 정도로 많습니다. 성막에 대한 더 깊은 연구를 원하신다면, W. Barber(바버), E. Rasnake(라스네이크), R. Shepherd(셰퍼드)의 Life Principles for Worship from the Tabernacle(성막에서 배우는 예배의 삶의 원리)와 William Brown(윌리엄 브라운)의 The Tabernacle: Its Priests and Its Services(성막: 그 제사장과 그 예배), 앤드류 힐(Andrew Hill)의 Enter His Courts with Praise!(찬양으로 그분의 궁정에 들어가라)을 추천합니다.

27) John Piper(존 파이퍼), Let the Nations Be Glad: The Supremacy of God in Missions(열방을 향해 가라) (Grand Rapids: Baker Academic, 1993), 217.

28) Wayne Grudem(웨인 그루뎀), Systematic Theology: An Introduction to Biblical Doctrine(조직신학: 성경 교리 입문) (Grand Rapids: Zondervan, 1994), 176.

29) John Piper(존 파이퍼), Seeing and Savoring Jesus Christ(예수 그리스도를 보고 음미하기) (Wheaton: Crossway Books, 2001), 14.

30) Tozer(토저), Whatever Happened to Worship?(예배에 무슨 일이 일어났나요?), 13.

31) Robert E. Webber(로버트 웨버), Ancient-Future Time: Forming Spirituality through the Christian Year(고대-미래의 시간: 교회력을 통한 영성 형성) (Grand Rapids: Baker Books, 2004), 171.

32) John Witvliet(존 위트블리엇), Worship Seeking Understanding: Windows Into Christian Practice(이해를 구하는 예배: 기독교 실천의 창) (Grand Rapids: Baker Academic, 2003), 36.

33) 역자 주) 'celebrate'는 기념, 경축, 축하, 찬양 등 여러 의미로 사용됩니다. 여기서는 주

로 '경축'으로 번역했습니다.

34) 구약의 많은 축제는 하나님께서 백성들에게 행하신 일을 기억하기 위해 제정하신 것입니다. 사람들의 기억은 변하기 때문에 하나님은 예배를 통해 백성들이 기억할 수 있는 특별한 기회를 마련하고자 하셨습니다.

35) 성찬식은 그리스어로 '감사'를 뜻합니다. 성경에서 성찬을 가리키는 다른 용어로는 주의 만찬, 빵을 떼는 것, 성찬식 등이 있습니다.

36) Ronald Allen(로날드 앨런) and Gordon Borror(고든 보로), Worship: Rediscovering the Missing Jewel(예배: 잃어버린 보석의 재발견) (Portland: Multnomah Press, 1982), 19.

37) 찬송가 모음집, 1761, 연합감리교회 찬송가 서문에서 인용, (Nashville: United Methodist Publishing House, 1989) vii. 존 웨슬리의 'Directions for Congregational Singing(회중 찬송을 위한 지침)'의 전체 목록은 부록 10을 참조하십시오.

38) 10장에서 예배 행위로서의 침묵에 대해 자세히 설명할 것입니다.

39) Marva Dawn(마르바 던), A Royal "Waste" Of Time: The Splendor of Worshiping God and Being Church for the World(거룩한 시간 낭비 예배: 하나님을 예배하고 세상을 위한 교회가 되는 것의 광채) (Grand Rapids: Wm. B. Eerdmans, 1999), 124.

40) Matt Chandler(매트 챈들러), Creature of the Word: The Jesus-Centered Church(말씀의 창조물: 예수 중심의 교회) (Nashville: B&H, 2012), 42.

41) Marva Dawn(마르바 던), A Royal "Waste" Of Time: The Splendor of Worshiping God and Being Church for the World(거룩한 시간 낭비": 하나님을 예배하고 세상을 위한 교회가 되는 것의 찬란함), 124.

42) John Piper(존 파이퍼), Let the Nations Be Glad(열방을 향해 가라), 17.

43) 던(Dawn)은 공동체나 교회와 같은 단어가 오용되고, 남용되고, 남용되고, 혼동되기 때문에 '교회됨(Churchbeing)'이라는 단어를 사용할 것을 권장합니다. "교회가 교회로서 우리가 누구인지, 예배 생활에서 교회됨을 어떻게 실천하는지에 대한 근본적인 질문을 던지는 것이 중요합니다." (Dawn, A Royal "Waste" Of Time(거룩한 시간 낭비 예배), 103.

44) Marva Dawn(마르바 던), A Royal "Waste" Of Time(거룩한 시간 낭비 예배), 124.

45) Tozer(토저), Whatever Happened to Worship?(예배에 무슨 일이 일어났나요?), 18.

46) Marva Dawn(마르바 던), A Royal "Waste" Of Time(거룩한 시간 낭비 예배), 127.

47) John Witvliet(존 위트블리엇), Worship Seeking Understanding(이해를 구하는 예배), 144.

48) M. Robert Mulholland(로버트 멀홀랜드), The Deeper Journey: The Spirituality of

Discovering Your True Self(더 깊은 여정: 진정한 자아를 발견하는 영성) (Downers Grove: InterVarsity Press, 2006), 47.

49) 교회 예배가 끝나고 점심으로 먹고 싶은 것이 칙필레였는데 아내가 주일이라 문을 닫았다는 사실을 상기시켜줘서 짜증이 났던 적이 있습니다. 안돼!

50) Barclay(바클레이), The Gospel of Luke(누가복음서) (Louisville: Westminster John Knox Press, 2001), 112.

51) "Sometimes A Light Surprises(때때로 가벼운 놀라움)" William Cowper(윌리엄 카우퍼), Public Domain, 1779.

52) 역자 주) 수년 전에 '프로 라이프'와 '프로 초이스'는 낙태 접근에 반대하고 낙태 접근을 찬성하는 사람들이 스스로를 설명하기 위해 만든 용어였습니다. 그리고 오늘날에도 이러한 낡은 용어가 여전히 사용되고 있습니다. 그러나 어느 쪽도 낙태에 반대하는 사람들 또는 낙태에 대한 결정은 정부가 아닌 임신한 당사자가 내려야 한다고 믿는 사람들을 정확하게 묘사하지 못합니다.

53) 역자 주) 모욕적이고 도발적인 사람들을 보통 일컫는 말

54) Jim Altizer(짐 알타이저). "Welcome to Worship(예배에 오신 것을 환영합니다.)" http://roadmapsforworship.com/?page_id=768 (2014년 8월 1일 액세스).

55) Tom Kraeuter(탐 크라우터), Worship Is... What?: Re-Thinking Our Ideas About Worship(예배란...무엇인가? 예배에 대한 우리의 관점을 다시 생각하기) (Lynnwood: Emerald Books, 1996), 25.

56) 제가 "공허한 의식"이라고 말한 것에 주목하세요. 저는 의식이 우리에게 매우 유익할 수 있다고 믿습니다. 저는 하루에 세 번 양치질을 합니다. 이것은 제 삶에서 저뿐만 아니라 제가 접촉하는 다른 사람들에게도 유익한 의식입니다. 매일 성경을 읽고, 규칙적으로 기도하고, 일요일 아침에 그리스도의 몸과 함께 모이는 것과 같은 의식은 우리의 영적 성장에 매우 유익할 수 있습니다. 하지만 마음 없이 그저 동작만 따라하는 '공허한 의식'은 의미가 없습니다. 우리는 주님을 예배할 때 마음과 행동이 균형을 이루어야 합니다.

57) A. W. Tozer(토저), The Pursuit of God(하나님을 추구함) (Harrisburg: Christian Publications, 1948), 15.

58) "The Love of God(하나님의 사랑)" Frederick M. Lehman(프레드릭 M. 리먼), Public Domain, 1919. 역자 주) 찬송가 304장 '그 크신 하나님의 사랑'을 참조하십시오.

59) Harold Best(헤롤드 베스트), Unceasing Worship: Biblical Perspectives on Worship and the Arts(끊임없는 예배: 예배와 예술에 대한 성경적 관점) (Downers Grove: InterVarsity Press, 2003), 17.

60) C.S. Lewis(루이스), God In the Dock(선착장에서 만난 하나님) (Grand Rapids: Wm. B. Eerdmans, 1970), 61-62.

61) "Let the Praises Ring(오 주안에 내 믿음 있네)" Lincoln Brewster(링컨 브루스터) ⓒ2002 Integrity's Praise! Music.

62) 참고: 공예배 중에 집안의 조명을 끄는 것은 일반적으로 개인 예배를 장려하고 예배 인도자와 회중 모두의 공연 느낌을 향상시킬 수 있는 잠재력을 가지고 있습니다. 결국, 금요일 밤에 참석하는 콘서트처럼 보이거나 들린다면 주일 아침에도 회중이 다르게 느낄 것이라고 기대할 수가 없을 것입니다.

63) Alexander Schmemann(알렉산더 슈메만), *For the Life of the World: Sacraments & Orthodoxy*(세상의 생명을 위하여: 성례전과 정교회) (Crestwood: St. Vladimir's Seminary Press, 1963), 26-27.

64) Stephen Charnock(스티븐 차녹), *Discourses upon the Existence and Attributes of God*(하나님의 존재와 속성에 관한 담론) (New York: Robert Carter & Brothers, 1853), 221.

65) Richard Foster(리차드 포스터), *Celebration of Discipline: The Path to Spiritual Growth*(훈련의 즐거움: 영적 성장의 길) (New York: HarperCollins, 1978), 148. 역자 주) 한국어로는 다음과 같이 번역되었습니다. 영적 훈련과 성장 권달천, 황을호 역 (서울: 생명의 말씀사, 2009)

66) Mark Labberton(마크 래버튼), *The Dangerous Act of Worship: Living God's Call to Justice*(껍데기 예배는 가라) (Downers Grove: InterVarsity Press, 2007), 22-23.

67) Ibid., 38.

68) 역자 주) '프라미스 키퍼스'는 남성을 위한 복음주의 기독교 선교 단체입니다. 이 단체는 동성 결혼에 반대하며 순결과 결혼 생활의 충실성, 가장으로서의 남성의 역할을 옹호합니다. '프라미스 키퍼스'는 미국에서 시작되었지만 캐나다와 뉴질랜드에도 독립 지부가 설립되었습니다. 이 단체는 기독교 교회나 교단과 관련이 없는 비영리 단체로 축구 경기장 및 유사한 장소에서 열리는 대규모 집회를 매년 열고 있습니다.

69) Paul B. Clark Jr.(폴 B. 클락 주니어). *Tune My Heart To Sing Thy Grace: Worship Renewal Through Congregational Singing*(내 마음을 조율하여 주의 은혜를 노래하라: 회중 찬양을 통한 예배 갱신) (Bloomington: CrossBooks, 2010).

70) Syd Hielema(시드 히엘레마). "The Festival-Envy Syndrome: Four Contexts of Worship."(축제 선망 증후군: 예배의 네 가지 맥락) *Reformed Worship*, March 2004.

71) Clark(클락), *Tune My Heart*(내 마음을 조율하라), 42.

72) 저는 회중 예배 모임에서도 침묵이 많이 소홀히 취급되고 있다고 생각합니다. 예배 인도자와 목회자는 침묵을 더 정기적으로 도입하는 것을 고려해야 합니다.

73) Clark(클락), *Tune My Heart*(내 마음을 조율하라), 42-43.

74) Henri J. M. Nouwen(헨리 나우웬), *The Way of the Heart: Connecting With God*

Through Prayer, Wisdom, and Silence(마음의 길: 기도, 지혜, 침묵을 통한 하나님과의 연결) (New York: First Ballantine Books, 1983), 35.

75) James O. Hannay(제임스 O. 한네이), The Wisdom of the Desert(사막의 지혜) (Public Domain; originally published in 1904), 111.

76) Donne(돈), LXXX 설교(1640) 1626년 12월 12일 '윌리엄 코케인 경의 장례식에서'.

77) 렉시오 디비나는 개인적으로 또는 그룹 활동으로 할 수 있습니다. 렉시오 디비나를 수행하는 방법에 대한 지침은 부록 4를 참조하세요.

78) Thelma Hall(델마 홀), Too Deep For Words: Rediscovering Lectio Divina(말로 표현하기에는 너무 깊다: 렉시오 디비나의 재발견) (Mahwah: Paulist Press, 1988), 26.

79) Clark(클락), Tune My Heart(내 마음을 조율하라), 44.

80) Syd Hielema(시드 히엘레마), "The Festival-Envy Syndrome: Four Contexts of Worship.(축제 선망 증후군: 예배의 네 가지 맥락)" Reformed Worship, March 2004, 4.

81) Altizer(알타이저), The Making Of A Worship Leader(예배 인도자 만들기), 52.

82) 역자 주) 모타운은 유니버설 뮤직 그룹 소유의 미국 레코드 레이블입니다. 1959년 1월 12일 베리 고디 주니어가 탐라 레코드(Tamla Records)로 설립한 후 1960년 4월 14일에 모타운 레코드 코퍼레이션(Motown Record Corporation)으로 통합되었습니다. 모터와 타운의 합성어인 이 이름은 원래 레이블의 본사가 있던 디트로이트의 별칭이 되었습니다.

83) 역자 주) '고무(rubber)와 도로(road)가 만난다'는 이 문구는 말 그대로 자동차의 고무바퀴가 도로에 닿는 것을 나타냅니다. 비유적으로: 이론이나 아이디어가 실제 시험대에 오르는 시점을 의미합니다. 새로운 것에 대해 상황이 복잡해지고 심각해지는 시점이라 할 수 있습니다.

84) "As the Deer(목마른 사슴)" Martin Nystrom(마틴 니스트롬) ©1984 Universal Music.

85) Constance Cherry(콘스탄스 체리), The Worship Architect: A Blueprint for Designing Culturally Relevant and Biblically Faithful Services(예배 건축가: 문화적으로 관련성이 있고 성경적으로 충실한 예배를 설계하기 위한 청사진) (Grand Rapids: Baker Academic, 2010), 248.

86) 융합적 예배를 드리기 위한 팁: 예배에 사용할 성경 구절을 결정하는 것으로 시작하고, 어떤 예배 요소가 그 구절을 강화할 수 있는지 고려하고(스타일에 관계없이), 다양한 예술 형식을 예배의 수단으로 사용하는 것을 고집하지 마세요; 어떤 노래가 성경 구절의 말씀과 주제를 뒷받침하는지 고려한다(스타일에 관계없이) - 예를 들어, 성경 구절이 하나님의 은혜에 초점을 맞추고 있다면 존 뉴턴의 "놀라운 은혜"(찬송가), 크리스 탐린의 "

당신의 은혜는 충분해"(찬양 합창), 합창곡 "놀라운 은혜"(브래들리 나이트/제롬 데이비스 곡)를 포함할 수 있다; 기도, 성경 읽기(반응적으로, 함께 합심으로 등)의 기회를 반드시 포함해야 한다.), 성찬식, 세례 및 적절한 경우 기타 예배 행위를 포함하고, 회중의 참여를 독려하며, 모임에서 하나님께서 어떤 일을 행하실 것을 기대하세요. 융합 예배에 대한 자세한 내용은 부록 3을 참조하고, 콘스턴스 체리의 '예배 설계자'의 14장을 적극 추천합니다.

87) "How Great Thou Art(위대하신 주)" Stuart K. Hine(스튜어트 K. 하인) ⓒ1949 and 1953 Stuart K. Hine Trust.

88) "We Will Remember(우린 기억하리라)" Tommy Walker(타미 워커) ⓒ 2005 Doulos Publishing.

89) "We will remember the works of Your hands; We will stop and give you praise, for great is Thy faithfulness" and "I still remember the day You saved me, the day I heard You call out my name; You said You loved me and would never leave me, and I've never been the same"

90) "Hallelujah, hallelujah, to the one from whom all blessings flow; Hallelujah, hallelujah, to the one whose glory has been shown"

91) Clark(클락), Tune My Heart(내 마음을 조율하다), 48.

92) 17장에서는 예배 아티스트의 역할에 대해 살펴보겠습니다.

93) Ron Kenoly and Dick Bernal(론 케놀리와 딕 버날), Lifting Him Up: How You Can Enter Into Spirit-Led Praise and Worship(그를 들어 올리기: 성령이 이끄는 찬양과 예배에 들어가는 방법) (Orlando: Creation House, 1995), 11-12.

94) Ibid., 55.

95) 이 질문은 여러분의 소명을 이해하고 궁극적으로 성취하는 데 매우 중요합니다. 교회나 사역 단체에서 예배 직책에 참여할지 결정할 때는 두 번째 질문을 하는 것이 중요합니다. "교회나 사역 단체에서 예배 인도자, 찬양 인도자, 예배 아티스트, 예배 목사 중 어떤 역할을 찾고 있나요?" 이 질문은 여러분이 하나님의 부르심에 따라 그 직책에 적합한지 여부를 판단하기 위해 해야 할 중요한 질문입니다.

96) '예배 인도자(Worship Leader) 대 예배자 인도(Lead Worshiper)'에 대한 내용은 부록 5를 참조하세요.

97) 이는 각각 노래 인도자(16장 참조)와 예배 아티스트(17장 참조)의 책임입니다.

98) 이것을 저는 '큰 그림'이라고 부릅니다. 예배 인도자가 통제할 수 없는 상황으로 인해 회중 개개인이 예배에 어려움을 겪는 경우가 있을 수 있습니다. 예배 인도자는 그저 회중이 새롭고 새로운 방식으로 하나님을 경험할 수 있도록 예배하고 기도할 수 있는 최선의 기회를 제공해야 합니다.

99) Jim Altizer(짐 알타이저). "3 Profiles of A Worship Leader." Roadmaps for Worship (예배 인도자의 3가지 프로필". 예배를 위한 로드맵). http://roadmapsforworship.com/?page_id=354 (Accessed August 1, 2014).

100) David Ruis(데이비스 루이스), Tom Kraeuter(탐 크라우터)의 "Developing an Effective Worship Ministry(효과적인 예배 사역 개발)"에서 인용함 (Lynnwood: Emerald Books, 1993), 12.

101) Jim Altizer(짐 알타이저). "Look, Ma, No Congregation!(봐요, 엄마, 회중이 없어요!)" 예배 로드맵. http://roadmapsforworship.com/?page_id=369 (2014 년 8 월 1 일 접속).

102) 예배를 위한 로드맵 샘플은 부록 6을 참조하세요.

103) "No More Night(더 이상 밤은 없으리)" Walt Harrah(월트 하라) ⓒ 1984 Word Music, Inc.

104) "Think About His Love(주의 사랑을 주의 선하심을)" Walt Harrah(월트 하라) ⓒ1987 Integrity's Hosanna! Music.

105) "Here Is Your God(당신의 하나님이 여기 계십니다)" alt Harrah(월트 하라) ⓒ 2010 SeedSower Music.

106) 예배 대본 샘플은 부록 7을 참조하세요.

107) Walt Harrah(월트 하라). "Worship Scripts(예배 대본)." Seedsower Music. http://www.waltharrah.com/worship_script_intro (Accessed August 1, 2014).

108) 이것은 음악성이 떨어지는 것에 대한 변명이 아닙니다. 우리는 항상 하나님께 우리의 가장 뛰어난 노력을 드리기 위해 노력해야 합니다. 하나님은 우리의 최선을 받으실 자격이 있습니다. 그러나 우리는 우리의 노력에 초점을 맞추지 말고 유일하신 참 하나님을 예배하는 회중의 노력에 초점을 맞춰야 합니다.

109) 실수나 부주의에 대한 변명의 여지가 없습니다. 실수는 주의를 산만하게 할 수 있습니다. 우리는 예배에서 산만함을 최소화하기 위해 최선을 다해야 합니다. 우리는 좋은 일이든 나쁜 일이든 하나님께 주의를 빼앗는 어떤 행동이나 말도 하고 싶지 않습니다. 우리의 초점은 하나님께 머물러야 합니다. 그러나 실수가 예배의 성패를 좌우해서는 안 됩니다.

110) Brian Wren(브라이언 렌), Praying Twice: The Music and Words of Congregational Song(두 번 기도하기: 회중 찬양의 음악과 말씀) (Louisville: Westminster John Knox Press, 2000), 2.

111) "Marching to Zion(시온으로 행진)" Isaac Watts(아이작 와츠), Public Domain, 1707.

112) Donald Hustad(도널드 휴스테드), Jubilate II: Church Music in Worship and Renewal(희년 II: 예배와 갱신의 교회 음악) (Carol Stream: Hope, 1993), 448.

113) 역자 주) 영국의 오디션 프로그램인 '팝 아이돌'의 미국 수출판으로 애니 레녹스, 스파이스 걸스를 히트시킨 제작자이자 '팝 아이돌'의 제작자인 사이먼 풀러가 직접 심혈을 기울여 제작에 참여했습니다. 이 밖에 원 제작자가 참여한 오디션 프로그램은 '오스트레일리안 아이돌' 정도로 이 셋을 팝 아이돌 프랜차이즈의 직계정통으로도 봅니다. 우승자에겐 거의 10억 원에 가까운 수익과 함께 그보다도 더 중요한 가수로서의 입지를 확실히 세울 수가 있다는 것. 이 프로그램의 우승자들은 대부분이 빌보드 차트를 휩쓸면서 끝내는 대형스타로 발돋움한 경우가 많았습니다. 대표적으로 시즌 1 우승자이자 지금도 최고의 스타로 꼽는 켈리 클락슨, 시즌 4의 캐리 언더우드, 특정 시즌에선 우승자보다 준우승자 혹은 4위가 더 주목받는 현상도 나타났습니다. 시즌 8의 아담 램버트도 준우승자이다. 폴 포츠나 수잔 보일을 아메리칸 아이돌 출신으로 오해하는 경우가 있는데, 둘 다 영국의 〈Britain's Got Talent〉 출신입니다.

114) 또한, 회중들은 종종 쇼의 심사위원처럼 예배 팀의 '공연'을 비판하는 태도를 가질 수 있습니다. 예배팀은 할리우드행 황금 티켓을 받을 자격이 있을까요?

115) 저는 아메리칸 아이돌 및 기타 유사한 프로그램이 가수들이 음악 산업에 진출할 수 있는 기회를 제공한다는 사실에 감사하고 있습니다. 저는 이러한 프로그램이 본질적으로 잘못되었다고 말하는 것이 아닙니다. 문제는 기독교인들이 예배에 노래 경연 대회 정신을 가져올 때입니다. 우리의 예배가 리얼리티 텔레비전 쇼처럼 보이거나 느껴지거나 비판을 받아서는 안 됩니다.

116) 이 장의 많은 자료에 대한 제 생각에 영향을 준 콘스탄스 체리에게 깊은 빚을 지고 있습니다. 그녀의 저서 "예배 건축가"와 아주사 퍼시픽 대학교와 로버트 E. 웨버 예배 연구소에서 진행한 회중 찬송에 관한 수업은 저에게 매우 귀중한 도움이 되었습니다.

117) 역자 주) 미국 프로야구인 메이저리그야구(MLB)의 팀 중 하나인 보스턴 레드삭스(Boston Redsox)에서 불리는 국가와 같은 곡이다. 특히 8회말에 모두 함께 합창으로 닐 다이아몬드(Neil Dianmond)가 작곡한 이 곡을 부르면서 'So Good'을 함께 외치는 것으로 유명하다.

118) Webber(웨버), Worship Old and New(예배학), 176.

119) Dawn(던), A Royal "Waste" Of Time(거룩한 낭비 '낭비' 예배), 256-257.

120) Dietrich Bonhoeffer(디트리히 본회퍼), Life Together: A Discussion of Christian Fellowship(함께하는 삶: 그리스도인 교제에 대한 토론) (New York: Harper & Row, 1954), 61.

121) 역자 주) "share His love by telling what the Lord has done for you"

122) 선별된 찬송가, 1761, 연합감리교회 찬송가 서문에서 인용, (내쉬빌: 연합감리교회 출판사, 1989), vii. 존 웨슬리의 "회중 찬송을 위한 지침"의 전체 목록은 부록 10을 참조하십시오.

123) "In Christ Alone(예수 안에 소망 있네)" Keith Getty(키스 게티) and Stuart Townend(

스튜어드 타운엔드) ⓒ 2001 Thankyou Music.

124) Barry Liesch(배리 리쉬), People In the Presence of God: Models and Directions for Worship(하나님의 임재 안에 있는 사람들: 예배의 모델과 방향) (Grand Rapids: Zondervan, 1988), 107-108.

125) Charles H. Spurgeon(찰스 스펄전), The Treasury of David(다윗의 보물창고) (Grand Rapids: Kregel, 1978), 108.

126) Reggie Kidd(리지 키드). "Jesus Christ, Our Worship Leader(예수 그리스도, 우리의 예배 인도자)." Worship Leader(워십 리더 매거진) (March/April 2011). http://www.mydigitalpublication.com/article/Feature_-_Jesus_Christ,_Our_Worship_Leader/653277/62452/article.html (accessed July 25, 2014).

127) Cherry(체리), The Worship Architect(예배 건축가), 154.

128) 부록 8을 참조하세요.

129) 부록 9를 참조하세요.

130) 루스 킹 고다드, 필자에게 보낸 이메일 메시지, 2014년 7월 25일.

131) 루스 킹 고다드는 음역대의 축소는 개인적 노래 목소리의 소멸과 기술 중심의 음색 또는 '사운드 이상'에 대한 문화적 몰입의 결과라고 주장합니다. 영국 옥스퍼드 리폰 대학에서 열린 기독교 회중 음악 컨퍼런스에서 발표한 논문 "누가 왕국에서 노래할 수 있는가"에서 그녀는 "노래 훈련이나 격려를 거의 또는 전혀 받은 적이 없는 사람들은 일반적으로 정상적인 말하는 목소리 이상의 음역대에 대한 인식이 거의 없다는 사실을 인식하는 것이 중요합니다."라고 말합니다. 성인 인구의 음역 제한은 B에서 A까지이며, 이는 머리 목소리 범위의 음을 사용하는 노래는 접근성이 제한된다는 것을 의미합니다. 물론 이로 인해 대부분의 전통 찬송가와 대중적인 현대 음악이 제외됩니다. 따라서 이러한 능력의 한계로 인해 이러한 한계를 인식한 새로운 작곡이 절실히 요구됩니다. 회중을 위해 작곡하는 작곡가들은 자신의 개인적인 음역대가 아닌 회중 전체의 음역을 고려하는 것이 필수적입니다. 그렇다고 회중이 더 넓은 음역대의 노래를 부를 수 없다는 의미는 아닙니다. 어떤 회중은 다른 회중보다 더 많은 것을 할 수 있습니다. 노래할 수 있는 음역대는 회중의 능력에 따라 다르지만, 동시에 영적으로 가장 취약한 사람들의 필요를 고려해야 합니다. 교회에 다니지 않는 성인의 비율은 교회의 참여 찬송 능력 수준에 영향을 미칠 수 있는 요인 중 하나이지만, 유일한 요인은 아닙니다. 예를 들어, 노년층은 젊었을 때는 쉬웠던 고음에 도달하는 데 점점 더 어려움을 겪습니다. 그러나 교회에 다니지 않는 사람들에게 다가가고 예배 찬양을 통한 영적 형성에 관심이 있는 교회는 노래 접근성에 대해 진지하게 고려해야 합니다.

132) Ken E. Read(켄 E. 리드), Created to Worship: A Practical Guide to Leading the Christian Assembly(예배를 위해 창조됨: 기독교 집회를 인도하기 위한 실용적인 가이드) (Joplin: College Press, 2002), 232-233.

133) 목록에 포함되도록 선정된 곡들은 '예배 곡 선택하기'를 기반으로 한 곡 선택 루브릭의 과정을 거쳤습니다. 체리(Cherry), 브라운(Brown), 바운드(Bounds)의 예배곡 선정: 지도자를 위한 가이드(Selecting Worship Songs: A Guide For Leaders)를 기반으로 했습니다. 루브릭은 각 곡에 대한 신학적, 음악적, 서정적 고려 사항에 초점을 맞추었습니다. 곡이 목록에 오르기 전에 루브릭을 통과해야 했습니다.

134) 예배 인도자는 찬송가를 노래 중 하나로 선택할 수도 있습니다. 따라서 본질적으로 네 가지 목록 중에서 선택할 수 있었습니다.

135) "Shout to the Lord(내 구주 예수님)" Darlene Zschech(달린 첵) ⓒ 1993 Wondrous Worship.

136) "How Great Is Our God(위대하신 주)" Chris Tomlin(크리스 탐린), Ed Cash(에드 캐시), and Jesse Reeves(제시 리브스) ⓒ 2003 worshiptogether.com songs.

137) "Open the Eyes of My Heart(내 맘의 눈을 여소서)" Paul Baloche(폴 발로쉬) ⓒ1997 Integrity's Hosanna! Music.

138) Rory Noland(로리 놀랜드). "The Worshiping Artist(예배하는 예술가)." Worship Leader(워십리더매거진) (July/August 2011) 29.

139) 배리 리쉬(Barry Liesch)는 공예배에 비추어 공연에 대한 운영상의 정의를 제시합니다. '공연이란 ... 봉사나 사역을 목적으로 대중 앞에서 기술을 가지고 복잡하거나 어려운 일을 하는 것입니다.' 새로운 예배: 음악과 교회에 대한 솔직한 이야기(The New Worship: Straight Talk on Music and the Church), Grand Rapids: Baker Books, 1996, 127). 예배는 행동이기 때문에 공연에는 구약성경에서 자주 사용되는 단어인 기술의 차원이 포함되어 있습니다. 신약성경에서 실력에 대응하는 단어는 은사입니다. 교회에서 은사를 받은 사람들은 숙련된 일을 할 수 있고, 전체 회중과 통합되어 있으며, 전체 회중을 섬기기 위한 목적을 가지고 있습니다.

140) 여기서 완벽주의의 어려움을 언급하는 이유는 다른 예배 리더십 역할은 이 문제로 어려움을 겪지 않기 때문이 아니라, 예배 아티스트가 다른 역할보다 이 문제로 더 어려움을 겪을 수 있기 때문인 것 같습니다. 어쨌든 예배 지도자로 부름받은 모든 사람은 완벽주의를 경계해야 합니다.

141) Rory Noland(로리 놀랜드), The Heart of the Artist, A Character-Building Guide for You and Your Ministry Team(예술가의 마음, 당신과 당신의 사역팀을 위한 인성 형성 가이드) (Grand Rapids: Zondervan, 1999), 124.

142) Michael J. Bauer(마이클 J. 바우어), Arts Ministry: Nurturing the Creative Life of God's People(예술 사역: 하나님의 사람들의 창조적 삶을 양육하기) (Grand Rapids: Wm. B. Eerdmans, 2013), 277.

143) 회중이 아닌 청중이라는 단어를 사용한 것을 주목하세요. 예배 아티스트를 관람하는 사람들이 청중이기 때문입니다. 그들은 예배 아티스트가 전문적이고 뛰어난 방식으로 자

신의 예술성을 구현하는 것을 보러 온 것입니다. 예배 아티스트는 일반적으로 전문가이며 청중의 일반인이 할 수 없는 일을 할 수 있습니다.

144) Daniel Akin(다니엘 아킨), Perspectives on Church Government: Five Views of Church Polity(교회 조직에 대한 관점: 교회 정치의 다섯 가지 관점) (Nashville: B&H, 2004), 37.

145) Altizer(알타이저), The Making of A Worship Leader(예배 인도자 만들기), 63.

146) Witvliet(위트블리엇), Worship Seeking Understanding(이해를 구하는 예배), 282.

147) Cherry(체리), The Worship Architect(예배 건축가), 180.

148) Ibid., 180.

149) Witvliet(위트블리엇), Worship Seeking Understanding(이해를 구하는 예배), 284.

150) Annie Dillard(애니 딜라드), Teaching A Stone to Talk: Expeditions and Encounters(돌에게 말하기 가르치기: 탐험과 만남) (London: Harper Perennial, 1984), 40-41.

151) Charnock(차녹), Discourses(담론), 225, 263.